Hettrich · Mit dem Fahrrad von Feuerland nach Mexiko

Patrick Hettrich

Mit dem Fahrrad von Feuerland nach Mexiko

25 000 km allein durch Südamerika

Pietsch Verlag Stuttgart

Einbandgestaltung: Siegfried Horn

Für meine Eltern

ISBN 3-613-50061-2

1. Auflage 1987.

Eine Abteilung des Buch- und Verlagshauses Paul Pietsch GmbH & Co. KG.

Satz und Druck: Gutmann + Co, 7100 Heilbronn
Bindung: Verlagsbuchbinderei Wilhelm Nething, 7315 Weilheim
Printed in Germany.

INHALT

DIE ERSTE GLÜCKLICHE BEKANNTSCHAFT

Totenstille, um mich herum nur schweigende Gesichter, starre Blicke, angespanntes Warten. Ich werfe einen Blick aus dem Guckloch zu meiner Rechten. Draußen ist alles in grauen Nebel gehüllt. Regen klatscht gegen die Scheibe und läuft daran herunter. Plötzlich heulen Motoren auf und durchbrechen die Stille. Alles beginnt zu wackeln. Die starren Körper werden in Bewegung gesetzt. Sekunden vergehen, das Wackeln wird stärker, der Lärm fast unerträglich, bis endlich die Tupolev der Aeroflot den Boden unter den Rädern verliert und frei zu schweben beginnt.

Der lange Marsch zum Start war abgeschlossen. Alle Aufregungen, Sorgen und Befürchtungen blieben hiermit auf der Rollbahn des Luxemburger Flughafens zurück. Vor mir lag Lateinamerika, das Ziel meiner Reise.

Die Anden mit den verlassenen Inkaruinen und den schneebedeckten Vulkanen. Der Titicacasee, auf den die freundlichen Indios mit ihren Schilfbooten zum Fischen hinausfahren. Das Altiplano mit seinen riesigen Lamaherden. La Paz, die höchstgelegene Hauptstadt der Erde. Die endlose Pampa in Argentinien...

Während all die Bilder, die ich aus Büchern und Zeitschriften kannte, in mir wach wurden, weckte mich plötzlich eine Stimme aus dem Lautsprecher: »In wenigen Minuten landen wir in Kuba, Ortszeit 4.00 Uhr, Lufttemperatur 30° C, Aufenthalt 2 Stunden.«

Meine ersten Schritte in Lateinamerika erinnerten an einen nächtlichen Besuch in einem Treibhaus. Es war unter anderem die »Morgenfrische«, die mir den Schweiß aus den Poren trieb. Ich war froh, als ich wieder im klimatisierten Flugzeug saß. Beim Frühstück lernte ich meine Nachbarin kennen. Marlene war aus Lima und kam gerade von einem Europaurlaub zurück. Ihre erste Frage an mich war, warum ich denn in Kuba so schwitzen mußte, so etwas habe sie noch nie gesehen. Also zeigte ich ihr den Pullover, die Trainingsjacke und das T-Shirt, die ich anhatte und als Unterstes das Handtuch, das um den Bauch gewickelt war. Dazu kamen noch eine Turnhose, eine lange Hose unter der Trainingshose und zwei Paar Socken in warmen Turnschuhen. In einem kleinen Rucksack hatte ich ein zweites Paar Schuhe, Werkzeug und einen Schlafsack. Als sie mich fassungslos ansah, wußte ich, daß ich ihr eine zweite Erklärung schuldig war.

Also erzählte ich ihr von meinem Fahrrad, das mit Zelt und Radtaschen schon so schwer war, daß ich alles Übergewicht ins Flugzeug schmuggeln mußte.

Verblüfft kam sofort die nächste Frage: was ich denn mit einem Fahrrad in Lateinamerika wolle.

Ein wenig eingeschüchtert erzählte ich ihr von meiner Leidenschaft, dem Fahrradfahren, und daß ich in Peru meine einjährige Radtour starten wollte.

Noch bevor ich ausgesprochen hatte, unterbrach sie mich schon wieder: Ich sei doch sicherlich schon in Peru gewesen und wisse auch, was dort los sei.

Ich mußte ihr gestehen, daß ich das erste Mal in die Dritte Welt reise und Peru nur aus Büchern kenne.

Marlene sah mich kopfschüttelnd an: »You are crazy, Patrick.« Fassungslos bat sie mich, aus dem Fenster zu sehen. Unter uns lag die peruanische Küste und dahinter eine gelbbraune Wüstenlandschaft. Als sie meine Begeisterung sah, begann sie zu erzählen: »Siehst du dort den schwarzen Strich, der parallel zum Meer verläuft und am Horizont verschwindet? Das ist die Panamerikana, die Traumstraße der Welt, eine der wenigen asphaltierten Straßen Perus. Sie beginnt im Norden des Landes und verläuft über 3000 Kilometer bis nach Chile. Wüste! Wüste! Wüste!«

Die Stimme aus dem Lautsprecher unterbrach sie: »Bitte das Rauchen einstellen. Schnallen Sie sich an. In wenigen Minuten landen wir in Lima. Wir hoffen, Sie hatten einen guten Flug. Das Personal wünscht Ihnen eine gute Weiterreise.« Ob die auch mich damit meinten, fragte ich mich.

Erste Häuser tauchten auf, und wir begannen, über Lima zu kreisen.

Marlene erzählte weiter: »Lima, 5 Millionen Einwohner, viele Kinder und Jugendliche ohne Schule, ohne Arbeit, ohne Zukunft. Sie leben auf der Straße, um zu überleben. Sie bestehlen und überfallen mit Vorliebe Touristen. Nach 18.00 Uhr, wenn es dunkel wird, sollte man die Straße nach Möglichkeit meiden.«

Ich sah auf meine Uhr. Es war bereits 17.00 Uhr. Marlene mußte erkannt haben, daß ich nervös wurde. Sie beruhigte mich und machte mir das Angebot, daß ihr Mann, der sie abholen würde, mich mit meinem Fahrrad in die Stadt bringen könnte. Sich in Lima zurechtzufinden, sei sowieso sehr schwierig, da nur wenige Straßen mit Namen versehen seien, geschweige denn die Häuser Hausnummern hätten.

Nach der Landung holten wir unser Gepäck ab und reihten uns zur Paßkontrolle ein. In der einen Hand hielt ich mein Zelt, eine Schaumgummimatratze und meine Radtasche, in der anderen mein völlig demontiertes Fahrrad, und auf dem Rücken trug ich den kleinen Rucksack.

Lächelnd sah mir der Zollbeamte in mein verschwitztes Gesicht, drückte mir den Stempel in den Paß und verzichtete auf eine Gepäckkontrolle.

Ich war in Peru, fuhr es mir durch den Kopf, wußte jedoch nicht so recht, ob ich mich darüber freuen sollte. Ich stand plötzlich in einer großen Menschenmasse, in der ich mit meinen blonden Haaren und meiner hellen Haut auffiel. Man schaute mich an, lachte, rief mir zu, und hier und da hörte ich zum ersten Mal das Wort »Gringo«.

Dann kam Marlene mit ihrem Mann auf mich zu. Carlo war sofort dazu bereit, mich mit meinem Fahrrad in die Jugendherberge zu fahren. Marlene erklärte mir, daß ich Glück habe, kein »Gringo«, also ein verhaßter Nordamerikaner zu sein, deshalb sei ich auch ohne Schmiergeld mit meinem Rad durch den Zoll gekommen.

Kaum hatten wir die Flughafenhalle verlassen, stürzten sich sofort mehrere Taxifahrer auf uns und boten uns eine Fahrt ins Zentrum an. Als wir dann vor dem Auto standen, waren zwar die Taxifahrer weg, dafür waren wir von kleinen Kindern umringt. Verzweifelt versuchten wir, sie davon abzuhalten, uns beim Verladen des Gepäcks zu helfen, da sonst sicherlich das eine oder andere Gepäckstück verschwunden wäre. Als alles verstaut war, wandte ich mich den kleinen Jungen zu. Vor mir standen fünf Halbwüchsige, deren dürre Körper mit Lumpen bedeckt waren. Ihre Gesichter sahen sehr viel älter und verbraucht aus. Als ich beim Einsteigen die Türe schließen wollte, trat einer auf mich zu, hielt mir seine kleine Hand hin und sagte mit weinerlicher Stimme: »Tip please.« Dabei sah er mich traurig mit seinen kastanienbraunen Augen an. Wieder begann Marlene zu lächeln, bat mich, die Türe zu schließen und meinte: »Mitleid darf man in Peru nicht haben, sonst steht man sehr bald selbst mit leeren Händen da, denn gebe ich einem etwas, so kommen sie alle.« Also zog ich die Tür vor der neuen Welt zu und lehnte mich in meinem bequemen Autositz zurück. Hinter verschlossenen Türen, in sicherer Umgebung, ließ ich teilnahmslos die Realität über mich ergehen. Die Vorstellung, mich dort draußen mit einem Rad zu bewegen, versuchte ich zu verdrängen.

Es war beachtlich, was an Blech neben uns herrollte, beziehungsweise im Stau steckte. Wir waren umgeben von riesigen, alten amerikanischen Schlitten, bei denen oft mindestens ein Karosserieteil fehlte. Autos ohne

Fenster, ohne Kühlerhaube oder mit fehlenden Türen waren keine Seltenheit. Jeder Kratzer, jede Beule war mit einer anderen Farbe übermalt, so daß die Autos oft kunterbunt waren. Nur ein einfarbiger Roststreifen rahmte das, was von der Karosserie noch übrig war, ein.

Carlo meinte, daß bei vielen Autos weder Bremslichter noch Scheinwerfer funktionierten. Daran müsse man sich einfach gewöhnen und nachts besser aufpassen. Außerdem solle man sich auch vor dem Fahrzeug hinter einem ich acht nehmen, da die Autobesitzer manchmal die teure Bremsflüssigkeit durch Urin ersetzten. Dies funktioniere zwar, sei jedoch bei weitem nicht so effektiv, betonte er extra.

Wieviele Autos mit Urin in den Bremsen und nachts ohne Lichter unterwegs waren, ergab sich bei jedem Blick auf den rollenden Autofriedhof. Alles, was bei uns auf dem Schrotthaufen endet, rollte hier über die Straßen.

Als die Blechschlange mal wieder stand, stürzten sich blitzschnell mehrere kleine Jungen auf die Windschutzscheiben der Autos und begannen, den Wüstenstaub abzuwischen. Mit dem gleichen Blick wie die Jungen am Flughafen, versuchten auch diese, sich ein paar Soles zu verdienen. Erhielten sie etwas, kamen sofort ihre Freunde angerannt und versuchten Kaugummis, Zigaretten oder Bonbons zu verkaufen. Vom Erlös können sich diese Kinder häufig soviel zu essen kaufen, daß sie am nächsten Tag wieder mit Bonbons und Lappen antreten können, versuchte Carlo zu erklären.

Endlich kamen wir an den Unfallort, durch den es sich gestaut hatte. Ein Lkw schien die Vorfahrt nicht beachtet zu haben und hatte einem dieser Blechschlitten eine weitere Beule zugefügt. Betroffen wandte sich Carlo erst mir zu und warf dann einen Blick auf mein Fahrrad, das aus dem Kofferraum heraushing: »Hier zählen keine Verkehrszeichen, hier hat der Stärkere das Recht über den Schwächeren.«

Während sich hinter uns ein Hupkonzert anbahnte – Hupen funktionierten ausnahmslos in allen Fahrzeugen –, schienen sich die beiden Fahrer der Unfallautos munter zu unterhalten. »Siehst du sie«, meinte Marlene, »die zwei haben sich schon lange geeinigt. Jetzt diskutieren sie über Frauen oder Fußball. Auch das ist Peru.«

Als wir den Stau verlassen hatten, rollten wir frei über die breite Straße. Links und rechts war sie eingerahmt von Hunderten kleiner Hütten ohne Dächer, ohne Pflanzen; Baracken, eingezäunt von Müll und Dreck und dazwischen saßen Frauen, spielten Kinder, tobten Hunde.

Plötzlich bogen wir ab. Auf einem Schild am Straßenrand stand »Miraflores«. Es war nicht schwer zu verstehen, was damit gemeint war. Das Paradies neben der Hölle. Um uns herum wurde es grün. Bäume säumten die breite Straße. In großen Gärten standen schöne Häuser und davor neue Autos. Gut gekleidete Passanten spazierten über die sauberen Bürgersteige. Man hatte die Jugendherberge sicherlich nicht grundlos im Viertel der Reichen eröffnet. Als ich das internationale Zeichen sah, wußte ich, daß ich es geschafft hatte. Ich hatte wieder eine rettende Insel erreicht.

»Hasta luego«, riefen mir Carlo und Marlene noch nach und verschwanden mit ihrem Auto.

WOVON ICH IN KEINEM FÜHRER GELESEN HATTE

Eine schwere Eisenpforte sicherte den Zugang zur Jugendherberge. Ich klingelte und wartete, bis eine Frau kam, die mich von oben bis unten musterte und dann das Schloß öffnete. Plötzlich war ich wieder einer von vielen und das mitten in Peru. Überall liefen hellhäutige, blauäugige, blonde Europäer und Nordamerikaner herum. War es vor meiner Abreise selbstverständlich und sogar mit ein Grund, nach Lateinamerika zu reisen, um dort eine andere Menschenrasse kennenzulernen, so war ich doch froh, wieder einer von vielen zu sein. Die Anonymität, die zu Hause manchmal nicht leicht zu ertragen war, wurde in der Jugendherberge zu einer Wohltat.

Als ich mein Bett zugewiesen bekam, machte ich Bekanntschaft mit Roberto, einem Italiener, der gerade dabei war, seine Sachen zu packen. Ich fragte ihn, wohin er denn reisen wolle. Er drehte sich um und begann zu erzählen: »Vor 4 Tagen kam ich in Lima an und wollte einige Wochen durch Peru reisen. Dann kam jedoch alles anders. Als ich am Abend zuvor mit Freunden zusammensaß, kam ein Polizist in die Jugendherberge, wies sich aus und bat, eine Routineuntersuchung durchführen zu dürfen. Erst durchsuchte er das Gepäck und wollte dann die Dokumente und Devisen kontrollieren. Ich hatte 700 US-Dollar in bar dabei und zeigte sie vertrauensselig dem Sicherheitsbeamten. Kaum hatte dieser das Geld in der Hand, verschwand er damit, ohne daß man ihn aufhalten konnte.«

Da Roberto ohne Geld nicht reisen konnte, war er gerade dabei, seine Koffer zu packen, um nach Italien zurückzukehren.

Ein Amerikaner, der unser Gespräch mitangehört hatte, versuchte den Italiener zu beruhigen und begann von zwei Schweizer Freunden zu erzählen. Auch sie waren an einem Nachmittag in ihrem Hotel, im Zentrum von

Lima, von Polizisten überrascht und aufgefordert worden, mit all ihren Wertsachen auf die Polizeistation mitzukommen. Dort ließ man sie längere Zeit warten und verhörte sie über Belangloses. Erst spät am Abend registrierte man ohne Kommentar die laufende Nummer von Fotoapparaten, Uhren und allem, was noch von Wichtigkeit hätte sein können und ließ sie dann gehen. Genau fünf Straßen kamen sie weit, als man sie mit einer Waffe bedrohte und ihnen alle Wertsachen abnahm.

»Die Polizei ist hier das Allerschlimmste«, wiederholte der Amerikaner immer wieder.

Am Abend lernte ich eine Belgierin kennen, die mir auch noch den letzten Mut für meine Reise nahm. Sie war in Nordperu an Hepatitis und Typhus erkrankt, hatte einen Monat in einer Privatklinik gelegen und hatte dafür ihr ganzes Reisebudget ausgegeben. Seit einer Woche war sie in der Jugendherberge und wartete auf finanzielle Unterstützung aus Europa. Sie warnte mich eindringlichst vor Salaten, Leitungswasser und Fleisch und wies darauf hin, daß sie absolut kein Einzelfall mit schwerer Darminfektion sei.

Warnungen, Warnungen, Warnungen; ich ging schweigend ins Bett und wollte von Lateinamerika nichts mehr wissen.

Gut ausgeruht und mit neuem Mut war am nächsten Morgen mein erstes Ziel die Deutsche Botschaft, die ich um Rat bitten wollte.

Mit meinem Fahrrad erreichte ich schnell das nahegelegene Botschaftsgebäude, dessen Vorgarten man nur durch ein stählernes Eisentor betreten konnte. Ein mit einem Maschinengewehr bewaffneter Soldat öffnete das Tor, kontrollierte mich nach Waffen, durchsuchte mein Gepäck und wies mir den Weg zum »Sekretär«. Dieser saß hinter einer dicken Panzerglasscheibe und fragte mich in gebrochenem Deutsch nach meinem Anliegen. Ich reichte ihm meinen Paß durch einen Spalt und bat um ein Gespräch mit einem deutschen Beamten. Er gab mir eine Nummer und öffnete mittels Knopfdruck die Panzertüre zum Wartezimmer. Als sich die Türe wieder automatisch schloß, wurde mir klar, daß ich mitten in einem Bunker stand. Und trotzdem trennte eine mehrere Zentimeter dicke Glaswand die Besucherin vor mir vom Beamten, den auch ich sprechen wollte. Weinend versuchte die junge Frau zu erzählen, wie man ihr Geld und Paß gestohlen hatte. Mit dem Kommentar: »Dann füllen Sie mal aus«, überreichte ihr der Beamte routinemäßig mehrere Papiere.

Jetzt war ich an der Reihe. Gelobt wurde ich, als ich darum bat, bei der Botschaft Fotokopien meiner Dokumente aufbewahren zu dürfen. Das Lob fand jedoch schnell sein Ende, als ich erzählte, was ich vorhatte. Ich konnte wieder nicht ausreden, sondern wurde sofort mit Fragen unterbrochen: Ob ich denn wahnsinnig sei, jeden Tag berichten die Zeitungen von Morden und Überfällen; noch vor kurzem waren zwei Touristen ermordet worden; als Fahrradfahrer sei ich Freiwild, außerdem könne in Peru kaum jemand ordentlich Autofahren. Wenn ich Glück hätte, würde ich nach wenigen Kilometern nur mein Fahrrad verlieren, womöglich habe schon jetzt jemand mein Rad gestohlen. Ich gestand dem Beamten, daß ich mein Rad in der Toilette für Besucher der Botschaft an das Waschbecken geschlossen hätte. Die Idee fand er gut und machte mir den Vorschlag, mein Fahrrad die ganze Reise über in der Botschaft zu deponieren. Ich solle doch die öffentlichen Verkehrsmittel benutzen. Das sei schon gefährlich genug.

Wieder verlor ich die Sprache und kehrte schweigend in die Jugendherberge zurück. Ich wollte nichts mehr hören, sondern faßte den Entschluß, noch am nächsten Tag aufzubrechen.

Den ganzen Nachmittag bewegte ich mich nicht nur im Blechhaufen auf den Straßen, sondern schob mein Rad auch durch Supermärkte, Banken und die Wartehallen des Automobilclubs.

Mit guten Landkarten, genügend Proviant und ausreichend Bargeld, faßte ich noch den schweren Entschluß, mein schönes Fahrrad mit schwarzer Farbe zu verunstalten. In einem Farbengeschäft hatte ich schnell gefunden, was ich suchte und brachte die Farbe zur Kasse. Der Verkäufer tippte den Preis ein, nahm meinen Schein und gab mir viel kleines Wechselgeld zurück. Beim Nachzählen mußte ich feststellen, daß noch die Hälfte fehlte. Stolz, einen Betrug aufgedeckt zu haben, verließ ich den Laden.

Als ich in der Jugendherberge damit begann, mein Fahrrad matt schwarz zu spritzen, fand ich doch noch einen Grund zu lachen. Ich entdeckte den wahren Preis der Farbe. Man hatte mich trotzdem übers Ohr gehauen.

»LLANO DE LA PACIENCIA«, DIE STRASSE DER GEDULD

Am nächsten Morgen war es soweit. Ich nahm Abschied von der Jugendherberge und kämpfte mich durch den Dschungel der Großstadt. Endlich verließ ich den letzten Vorort von Lima und hielt danach an.

»Panamerikana sur«, ein Schild an der Straße, das einem den Weg hinaus in die Wüste wies. Vor mir lag eine schwarze Straße, die sich am

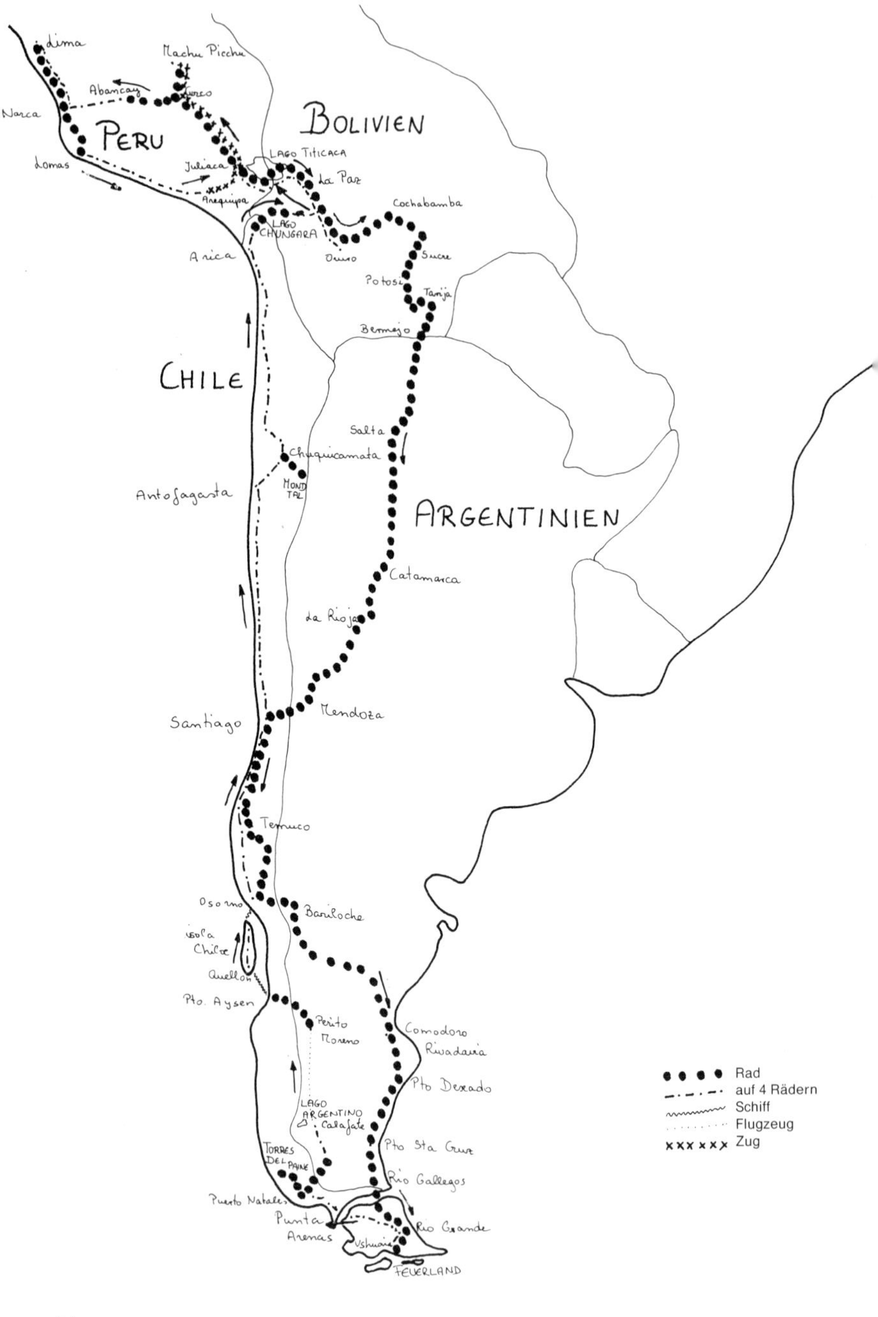
Lima
Machu Picchu
Abancay
Cuzco
Narca
PERU
BOLIVIEN
Lomas
Juliaca
Arequipa
LAGO TITICACA
La Paz
Cochabamba
LAGO CHUNGARA
Arica
Oruro
Sucre
Potosi
Tarija
Bermejo
CHILE
Salta
Chuquicamata
MONTAL
Antofagasta
ARGENTINIEN
Catamarca
La Rioja
Mendoza
Santiago
Temuco
Osorno
Bariloche
Isola Chiloe
Quellon
Pto. Aysen
Perito Moreno
Comodoro Rivadavia
Pto Dexado
LAGO ARGENTINO
Calafate
TORRES DEL PAINE
Pto Sta Cruz
Rio Gallegos
Puerto Natales
Punta Arenas
Rio Grande
Ushuaia
FEUERLAND
Rad
auf 4 Rädern
Schiff
Flugzeug
Zug

Horizont im weißen Sand verlor, hinter mir lagen Monate mit Zweifeln, Aufregung und Angst.

Mit einem Sturzhelm auf dem Kopf, dunkler Sonnenbrille als Augenschutz, Handschuhen über den sonnenempfindlichen Händen und gut eingecremt, versuchte ich, mich zu überwinden, loszufahren. Noch einmal überprüfte ich die Bremsen, die Radhalterung und den Reifendruck, dann stieg ich auf, schnallte meine Schuhe in die Pedalriemen, begann zu treten und begab mich vorsichtig hinaus in das Nichts.

Tak Tak Tak, nur der Anschlag des Kilometerzählers begann die Stille zu durchbrechen. Langsam bewegte ich die Pedale auf und ab und rollte durch eine Wüstenlandschaft, wie sie wüstenhafter kaum hätte sein können. Überall Dünen aus Sand und Stein, kein Baum, kein Haus, kein Mensch, kein Tier. Irgendwann im Nirgendwo überholte mich ein Bus. Die Insassen drehten sich neugierig nach mir um, dann verschwand er wieder im Nichts, genauso wie er gekommen war.

Es war wieder ruhig und nur das Tak Tak Tak verlor sich in der Wüstenstille. Ein Blick auf die Uhr, dann auf den Tachometer. 70 Kilometer nach drei Stunden. Es kam mir vor, als wären erst ein paar Minuten vergangen. Alles sah noch genauso aus wie vor zwei Stunden, wie vor wenigen Minuten. Nur die Sonne hatte ihre Position gewechselt. Sie stand jetzt senkrecht über mir. Es war das einzige, was mir aufgefallen war, da dadurch sogar mein Schatten, der einzige weit und breit, verlorenging. Abwechslung und Zeitgefühl mußte ich in der Jugendherberge zurückgelassen haben.

Es war also Mittag geworden, und ich begann, den Horizont nach einem Dorf, einer Hütte, einem Restaurant abzusuchen. Mein Blick traf jedoch ins Leere. Außer Sand, ein paar Steinen und der leeren Straße, die in der Sonne flimmerte, war nichts zu sehen. Die Hitze, die morgens noch erträglich war, drohte immer mehr zu einer Qual zu werden. Erbarmungslos brannte die Sonne herunter und trieb mir den Schweiß auf die Stirn. Vermischt mit Sonnencreme rann er in die Augen und verursachte ein teuflisches Brennen. Auf dem Weg zum Mund entfernte er die fast unentbehrliche Lippenpomade und ich war gezwungen, den schon sehr knappen Speichel hinaus in die Wüste zu spucken. Außerdem sammelte er sich am Kinn und lief in einem kleinen Bächlein den Hals hinunter, in das mit Schweiß durchzogene T-Shirt, das ihn dann irgendwann an die Wüste abgab.

Während ich mich mit dem Verlauf des Schweißes beschäftigte, entdeckte ich plötzlich in der Ferne etwas Außergewöhnliches. Nein, es war keine Fata Morgana, nein, als ich näher kam, konnte ich tatsächlich etwas erkennen, das keine Düne war, kein Sand, kein Stein, der nutzlos herumlag. Es war ein kleines Häuschen mit einer überdachten Terrasse, auf der Stühle und Tische standen und mit einem Kamin, aus dem Rauch aufstieg. Ein Restaurant inmitten eines riesigen Sandgartens, umzäunt von den Anden im Osten, dem Pazifik im Westen, Ecuador im Norden und Chile im Süden.

Ein freundlicher Koch empfing mich mit einer heißen Suppe und einem nicht viel kälteren »Erfrischungsgetränk«. Dann begann er zu erzählen. Ich erwiderte alles nur mit freundlichem Lächeln, denn außer »bicicletta« und »cuantos kilometros« konnte ich noch kein Spanisch. Zu gerne hätte ich jedoch gewußt, was er sagte, als er auf meine prall aufgepumpten Reifen deutete.

Entspannt und gesättigt wagte ich mich nach dem Essen wieder hinaus in die Hitze. Bis zur nächsten Stadt waren es noch einige Kilometer zu radeln. In der Sonne war es extrem heiß geworden, und Sonne war überall. Wie ein Heizkörper hatte sich der Teer erwärmt und strahlte seine Wärme großzügig nach oben hin ab.

Von Kilometer zu Kilometer wurde ich unruhiger. Immer wieder erhob ich mich von meinem Sattel, lockerte die Pedalriemen und klammerte mich an den Lenker. Es wurde unmöglich, den Rhythmus zu halten. Mal stand ich fester in den Pedalen, mal hatte ich alle Kraft verloren.

Plötzlich knallte es. Das Hinterrad begann zu schleudern und zu holpern. Schnell rutschte ich aus den Pedalenriemen, verlagerte mein ganzes Gewicht nach vorn und kam zum Glück ohne Sturz zum Stehen. Es war mein erster Platten. Binnen weniger Sekunden war die ganze Luft entwichen.

Da lag ich nun mit meinem kaputten Rad, umgeben von Hitze und Sand. »Traumstraße der Welt«, fuhr es mir durch den Kopf. Bei diesem Gedanken konnte ich mir ein Lächeln nicht verkneifen.

Trotz trockener Kehle gelang es mir nicht, das Wasser aus meiner Plastikflasche hinunterzuschlucken. Also goß ich die warme Brühe, die ich mit Chlortabletten desinfiziert hatte, in meinen Helm, setzte ihn auf und genoß die Dusche. Danach begann ich den Reifen zu flicken. Ich entfernte den Mantel und entdeckte den langen Riß im Schlauch. Jetzt verstand ich auch, was der Wirt im Restaurant bezüglich meiner Reifen gemeint hatte. Schon Carlo hatte meine Reifen für sämtliche Straßen Perus ungeeignet gehalten. Die Straße mußte so heiß gewesen sein, daß es den Schlauch unter dem Mantel zerrissen hatte und zwar so, daß er irreparabel war. Also wechselte ich ihn aus und pumpte ihn diesmal nur sehr viel schwächer auf. Dadurch wurde zwar das Fahren erschwert, meine Chancen über den heißen Teer zu kommen, waren jedoch größer.

»Llano de la paciencia«, die Straße der Geduld

Kein Baum, kein Mensch, kein Haus, kein Tier. Die Wüste: überall Dünen aus Sand und Stein

Die unerträgliche Sonne entmutigte mich schon am ersten Tag, und mit jedem Schweißtropfen verlor ich wertvolle Energie. So gern ich auch vorankommen wollte, so hilflos war ich gegen das, was um mich herum passierte. Als ich an einer Ausfahrt vorbeikam, entschloß ich mich, ein Hotel aufzusuchen und zu rasten. Vorsichtigt bewegte ich mich auf ein Dorf zu, das verloren in der Wüste lag. Wieder rahmten Häuser ohne Fenster und Türen die Straße ein. Ein Geschäft, eine Bar, ein Obststand, alles andere womöglich »Wohnhäuser«. Verdutzt sahen mich ein paar halbnackte Kinder an. Ich fragte sie nach einem Hotel. Sie rannten verängstigt weg. Mein Rad neben mir herschiebend, ging ich in eine Bar und bat um einen »refresco«, ein Erfrischungsgetränk. Als das Glas leer war, fragte ich den Wirt nach einem Hotel, worauf dieser langsam zur Tür wankte und auf eines dieser Häuser deutete.

Tatsächlich, es war ein Hotel. Auf dem Sofa neben der Rezeption lag ein Junge und schlief. Als ich ihn weckte, erschrak er, als ob er schon lange keinen Touristen mehr gesehen hätte. Abwechselnd den Blick auf mich und mein Fahrrad gerichtet, holte er ein staubiges Buch und bat mich darum, mich einzutragen. Alles mußte seine Ordnung haben, so daß ich mich mit meinem Namen, Geburtsort und -datum, Herkunftsland, Paßnummer und Unterschrift verewigen durfte. Ich war an diesem Tag der erste Gast und wahrscheinlich auch der letzte. Nachdem ich umgerechnet nicht einmal drei DM für meine Unterkunft gezahlt hatte, half mir der Junge, mein Rad auf die zweite Etage zu bringen. Zimmer Nr. 3: eine Zelle. Ein Loch in der Wand: das Fenster. Eine mit Stroh gefüllte Matratze auf einem verrosteten Gestell: das Bett. Kein Schlüssel, kein Schloß.

Noch bevor ich mich setzte, befestigte ich mein Werkzeug und andere Gegenstände so an der Tür, daß bei der kleinsten Bewegung alles lärmend zu Boden gefallen wäre. Mit zwei Schlössern sperrte ich mein Rad ans Bettgestell und kaum hatte ich mich auf das Bett gelegt, entschwand ich in das Reich der Träume.

Wie überflüssig jeglicher Luxus war, stellte ich fest, als ich erst bei Tagesanbruch vor Hunger und Durst wieder aufwachte. Ich fühlte mich wie neugeboren und freute mich auf etwas zum Kauen und die nächste Etappe. Da es im Hotel kein Wasser gab, mußte ich auf das Waschen verzichten. Im Vergleich zum Essen war dies sowieso zweitrangig geworden. Die zwei Eier und ein Kaffee waren plötzlich mehr wert als eine Dusche.

Als mich die Wüste wieder hatte, erlebte ich etwas, womit ich niemals gerechnet hätte. Es war nichts von dem zu sehen, was mir am Vortag das Fahren zur Plage werden ließ. Keine Sonne, keine Dünen, kein Sand, nein, überall nur dicker Nebel. Wo am Vortag noch die Hitze regiert hatte, da kühlte mir jetzt die Luftfeuchtigkeit mein verbranntes Gesicht. Während ich am Vortag selbst mit T-Shirt geschwitzt hatte, war mir an diesem Morgen nicht mal ein Pullover zu warm.

Taktaktaktak, voller Energie rauschte ich durch den Nebel, der sich langsam auflöste. Nach jedem Kilometer erkannte ich mehr von der Dünenlandschaft, die ich am Vortag fluchtartig verlassen hatte. Noch ruhte der gelbbraune Sand schwer und leblos auf den gewaltigen Dünen. Dann war es soweit. Eine glutrote Kugel erhob sich langsam hinter einer der vielen Dünen, so daß lange Schatten über die Fahrbahn fielen. Es war immer noch kühl. Das Fahren wurde zur Freude, die Monotonie zur Unterhaltung. Die endlose Weite wirkte befreiend, die Stille war so still, daß man sie hören konnte. Fasziniert vom Schauspiel der Natur und der toten Materie, mußte ich doch sehr schnell den Wandel zu meinen Ungunsten erkennen. Die glutrote Kugel wurde immer mehr zur feurigen Sonne. Die Schatten wurden kürzer und verschwanden bald ganz aus der Landschaft. Zurück blieben der weiße Sand und die grauen Steine. Ich begann wieder damit, den Verlauf des Schweißes zu verfolgen und den Horizont nach einem Rastplatz abzusuchen. Wieder fand ich ein kleines »Straßencafe«, das ich bis zum Spätnachmittag nicht verließ. Erst als die Sonne ihre Energie schon fast vergeben hatte, wagte ich mich zurück auf die Straße. Wieder verbrachte ich die Nacht in einem dieser Wüstendörfer und auch der folgende Tag unterschied sich kaum vom vorhergehenden. So vergingen einige Tage. Was mich vorher beeindruckt hatte, blieb immer öfter ungesehen. Ständig suchte ich nach etwas Packendem, was es jedoch nicht gab. Ständig wartete ich darauf, daß etwas geschehen würde, es passierte jedoch nichts. Von Tag zu Tag wurde die Monotonie anstrengender, mein Wille schwächer. Hoffnung auf Abwechslung machte ich mir erst, als die Straße laut Landkarte am Meer entlang verlaufen sollte.

Die ersten Wellen und das Rauschen der Brandung waren wie eine Erlösung. In der Tat, endlich wurde ich von der Hitze erlöst, die durch einen frischen Gegenwind ersetzt wurde. Der Sand wurde lebendig. Mal schlängelte er sich über die Straße, dann wirbelte er durch die Luft und immer öfter zwang er mich zum Absteigen, da er in den Augen noch unerträglicher war als der Schweiß. Ich verdoppelte meine Kraft auf die Pedale, reduzierte jedoch gleichzeitig meine Geschwindigkeit um die Hälfte. Mit großer Verzögerung und ohne Wasser erreichte ich das nächste Dorf. Ein kleines Mädchen, das noch kaum gehen und sprechen konnte, empfing mich verächtlich mit dem Zuruf »Gringo«, als wäre es das erste gewesen, das es im Leben gelernt hatte. Bei einer Schule flog mir eine leere

Blechbüchse um die Ohren, und als man mir in einem Restaurant meine Wasserflasche anstatt mit Trinkwasser mit einer braunen Brühe füllte, gingen alle meine guten Vorsätze verloren. Mein einziger Gedanke war: so schnell wie möglich Wüste, Sand, Wind und Meer zu verlassen. Deshalb zögerte ich auch nicht lange, als mich ein Lkw-Fahrer fragte, ob ich nicht mitkommen wolle. Enttäuscht, schon beim ersten Anlauf gegen die Wüste, gegen Peru, verloren zu haben, jedoch auch zufrieden darüber, die Wüste erlebt zu haben, wie ich sie besser kaum hätte erleben können, erreichte ich mit dem Laster Arequipa, Ausgangspunkt vieler Touristen für einen Besuch der Anden.

ZWEITE KLASSE, GROSSE MASSE

Während ich seit meiner Abfahrt von Lima meistens der einzige Tourist war, wo immer ich auch anhielt, so tummelten sich in diesem Touristenzentrum alle Sorten von Touristen zwischen Bettlern und Taschendieben herum. Am ersten Abend lernte ich sofort mehrere Rucksacktouristen kennen. Wir tauschten Erfahrungen aus, und ein jeder erzählte, was er erlebt hatte, oder, was er noch erleben wollte. Dann kamen die Warnungen und Ratschläge. Man war sich einig, daß es unmöglich war, die Anden mit einem Fahrrad zu bereisen. Schlechte Straßen und die absolute Abgeschiedenheit waren selbst mit Bussen nicht immer leicht zu ertragen. Außerdem galt Cuzco, mein nächstes Ziel, als die gefährlichste Stadt in ganz Peru.

Als ich die zwei Däninnen, Helen und Birgide, kennenlernte, folgte ich ihrem Rat, Vorsicht zu bewahren, und entschloß mich, mit ihnen mit der Eisenbahn nach Cuzco zu fahren. Mein Rad wollte ich auf halber Strecke in Juliaca zurücklassen.

Am nächsten Morgen trafen wir uns wie verabredet am Bahnhof, um die Fahrkarten zu kaufen. Im Wartesaal empfing uns ein buntes Durcheinander. Eine Schar von Menschen drängte zum Fahrkartenschalter. Männer schleppten schwere Säcke, Frauen trugen riesige Körbe auf dem Kopf und auf dem Rücken meist noch ein Baby. Auf dem Boden tobten Kinder zwischen gefesselten Schweinen und Hühnern. Hier und da stürzte ein Korb um oder platzte ein Sack, und es rollte Obst, Gemüse und Mais über den Boden. Darauf folgte Geschrei, Gelächter, Hektik und Zorn.

Birgide begab sich ins Gedränge, um die Karten zu besorgen, Helen,

Als Abschreckung gegen Diebstahl fotografierte ich den Beamten, der mein Rad verlud.

ihre Freundin, bewachte das Gepäck, und ich versuchte bei der Gepäckaufgabe mein Fahrrad aufzugeben. Dabei gab es einigen Ärger, da ich mein Fahrrad, solange es nicht sicher verladen war, unter keinen Umständen verlassen wollte. Zur Sicherheit fotografierte ich noch den Beamten, der mein Rad in den Zug stellte und begab mich erst dann zu den Däninnen zurück.

Birgide hatte unsere Fahrscheine schon gelöst. Zweite Klasse, sogar mit Platznummer. Die Freude darüber verging uns jedoch schnell, als wir auf den Bahnsteig kamen. Wir standen vor einer Menschenmasse, die mindestens zwei Waggons hätte füllen können.

Aus den Waggonfenstern hingen Arme und Köpfe, die darauf schließen ließen, daß schon alles voll war, und trotzdem verlud man noch munter Säcke, Körbe, Tiere und Kinder. Alles was man nicht durch die Türen bekam, wurde durch die Fenster gedrückt. Der nötige Platz dafür schien zweitrangig zu sein. Als das ganze Gepäck auf rätselhafte Weise verstaut war, kauften die Passagiere noch den nötigen Proviant für die Reise. Heiße Suppen wurden in Behälter abgefüllt, Kekse und Schokolade in großen Rocktaschen verstaut, Coca-Cola in Plastiktüten gegossen . . ., bis plötzlich der Schaffner den Startpfiff gab. Fast vergaßen wir beim Anblick dieses Treibens, noch selber schnell einen Platz zu erkämpfen. Binnen weniger Sekunden hatte sich die Masse durch die engen Türen gezwängt, und es blieb nur noch ein kleiner Platz auf dem Trittbrett des Waggons. Somit waren wir zwar noch nicht im Zug, aber zumindest schon mal auf dem Zug. Nach nur wenigen Metern brach jedoch im Inneren des Zuges Hektik aus. Wir konnten erkennen, wie die Leute gedrückt und gestoßen wurden und sahen, wie sich zwischen den Röcken, den Säcken und den Körben kleine Kinder rücksichtslos den Weg nach draußen bahnten. Schnell brachten wir unser Gepäck in Sicherheit und hielten uns an einer freien Stange fest. Es waren die fliegenden Händler, die wohl bei Abfahrt noch ein großes Geschäft gemacht hatten und jetzt mit leeren Kaffeekesseln, leeren Obstkörben oder einem unverkauften Huhn ins Freie sprangen. Als der Zug seine Spitzengeschwindigkeit von 40 km/h erreicht hatte, schien doch noch ein jeder, der nicht mitwollte, die Tür gefunden zu haben. Was übrig blieb war jedoch, sogar nach südeuropäischen Maßstäben, ein hoffnungslos überfüllter Zug.

Ich sah mir meine Platzkarte an, Nr. 38, und wagte einen Blick ins Abteil. Auf meinem Platz schlief eine korpulente Frau, während auf ihrem Schoß zwei Kinder herumtollten. Auf Helens Platz saß ein Pärchen, das die Enge nicht stören konnte und ihm gegenüber, auf Birgides Platz, war ein Mann damit beschäftigt, ein gefesseltes Huhn wie Abfall unter die Bank zu werfen. Daß es sich dagegen wehrte und dabei viele seiner Federn durch den Waggon wirbelten, schien niemanden zu stören. Überhaupt ließ sich niemand durch nichts aus der Ruhe bringen. Die Gelassenheit der Leute war bewundernswert, so daß auch wir versuchten, gelassen mit unseren Stehplätzen zufrieden zu sein.

Der erste Halt wurde schon lange vorher durch eine Massenbewegung angekündigt. Alles Mitgeführte wurde herumgereicht oder einander zugeworfen, die Tiere und das restliche Gepäck unter den Bänken hervorgezerrt, die Kinder auf den Rücken gebunden ... Der Zug stand noch nicht, als man schon die ersten Sachen durch die Fenster auf den Bahnsteig warf, und als er endlich stand, kam auch schon neues Gepäck von draußen hereingeflogen. Die neu zugestiegenen Passagiere, die sich gerade durch die Tür gezwängt hatten, wurden von denen, die aussteigen wollten, wieder nach draußen gedrückt, und dazwischen zwängten sich wieder die fliegenden Händler durch die Masse. Es war bemerkenswert, wie das, was hereinkam, sich im Wagen verteilte. Zu dritt und zu viert saßen die Leute in den Zweierbänken, darüber lagen oft die Kinder oder Gepäck und auf den Säcken im Gang saßen die restlichen Passagiere. Im Eifer des Gefechts konnten selbst wir unsere Plätze ergattern und sahen von dort dem Treiben fassungslos zu.

Mittlerweile war es Mittag geworden. Als ich ein Mädchen mit einem großen Kessel in den Armen ankommen sah, bat ich sie, den Deckel zu öffnen. Blitzschnell hatte sie eine Schale in der Hand und wollte mir eine »sopa de cabeza«, eine Kopfsuppe, verkaufen. Als sie jedoch meinen Gesichtsausdruck sah, nachdem ich einen Blick in den Kessel geworfen hatte, verschwand sie sofort wieder und bahnte sich ihren Weg zum nächsten Kunden.

Im dampfenden Kessel schwammen zwei Schweinsköpfe samt Nase, Augen und Gebiß, nicht einmal die Haut hatte man ihnen vorher über die Ohren gezogen. Deshalb wunderte ich mich später auch nicht, als ich mal einen Unterkiefer in einer Suppe fand.

Nachdem alle mit Essen versorgt waren, begann das große »Fressen«. Was man nicht kaufte, packte man jetzt aus seinem Gepäck aus. Da kaum jemand Besteck hatte, aß man mit den Fingern. Gläser brauchte man nicht, da die meisten Getränke in Tüten verkauft wurden. Die einen nagten an ihren Maiskolben, die anderen löffelten ihre Suppe, wieder andere schälten Eier und garnierten sie mit der scharfen Chilisauce oder knabberten noch am letzten Rest eines Hühnerknochens. Aller Unrat flog unter die Sitzbänke, worüber sich die Schweine, Hühner und Hunde freuten. So manch ein Küken pickte sicherlich an den Knochen seiner Eltern herum. »C'est la vie.«

Nicht nur uns war beim Anblick des Geschehens und beim »Genuß« der vielen Gerüche sehr unwohl, sondern auch so manch ein Baby übergab sich dabei.

Eine Mutter, die gerade mit Essen fertig geworden war, begann ihrem Kind die Haare zu waschen. Aus einem Eimer goß sie ihm Wasser über den Kopf und fuhr ihm mehrmals mit Seife durch die Haare. Die Brühe, die dabei entstand, lief sehr bald durch den ganzen Gang. Wieder andere Mütter gaben ihren Kindern die Brust und hielten sie dann zum Urinieren über den Gang. Die Männer, die sich an all dem nicht störten, kauten geruhsam und mit Genuß ihre Cocablätter und spuckten den durchgekauten Rest im Waggon herum.

Vieles von dem, was sich vor uns abspielte, war überhaupt nur zu glauben, weil es direkt vor unseren Augen geschah. Hätte man uns das alles erzählt, so hätten wir sicherlich nur zweifelnd darüber gelacht.

Lange hielten wir dieses Schauspiel nicht aus. Mit einem sehr unangenehmen Gefühl im Magen verließen wir freiwillig unsere Plätze und begaben uns wieder in den Vorraum des Waggons. Dort öffneten wir die Tür nach draußen und setzten uns auf das Trittbrett, an die frische Luft.

Langsam schlängelte sich der Zug in Serpentinen auf das Altiplano, das 3900 Meter hoch gelegene Hochplateau von Peru und Bolivien, hinauf. Die Gegend war trocken und nicht sehr reizvoll. Hie und da kamen wir durch ein kleines Dorf, dann war es wieder trocken und einsam für viele Kilometer. Am Spätnachmittag erreichten wir, ausgehungert aber zufrieden unsere Zwischenstation Juliaca, ein Indiodorf, 3900 Meter über dem Meer. Wo in Europa ständig Eis und Schnee regieren, scheint in Peru das Leben erst richtig zu beginnen. Kaum standen wir mit Rad und Gepäck auf der kleinen »plaza«, kamen sofort mehrere Indios angelaufen, um uns Felle, Pullover, Schuhe oder Mützen aus Lamawolle zu verkaufen. Noch bevor wir die Zeit gefunden hatten, etwas anzuschauen, begannen sie schon mit großem Eifer zu handeln. So billig alles auch war, wir konnten vorerst nichts davon gebrauchen. Das einzige, was wir dringendst benötigt hätten, hatte keiner: Sauerstoff, in Juliaca Mangelware und nirgendwo zu bekommen. Schon nach wenigen Schritten mußten wir eine Pause einlegen und hilflos das aufkommende Kopfweh ertragen. Also entschlossen wir uns, den Dorfbesuch zu verschieben und suchten ein Hotel. Sobald wir ein Zimmer hatten, verriegelten wir noch die Tür und waren dann für nichts und niemanden mehr zu sprechen.

DIE DIEBE MIT MESSERN UND RASIERKLINGEN

Die ersten Sonnenstrahlen am nächsten Morgen schenkten uns wieder ein wenig Energie. Ich durfte mein Rad gegen eine geringe Gebühr im Hotel lassen und mußte darauf vertrauen, es auf dem Rückweg wiederzubekommen.

Pünktlich standen wir am Bahnsteig und warteten auf den Zug nach Cuzco. In den zwei Stunden, die er Verspätung hatte, füllten wir noch unsere hungrigen Mägen und als er endlich da war, plazierten wir uns, wie auch schon am Vortag, auf dem Trittbrett bei der Tür.

Langsam rollten wir über das Altiplano, vorbei an Dörfern, Lamaherden, Seen und Bergen. Vereinzelt sahen wir Indios, die in ihre roten Ponchos gehüllt auf ihre Viehherden aufpaßten oder ihre Felder bearbeiteten. Sie lachten und winkten uns zu, als würden sie uns kennen, und wir winkten zurück, bis sie unseren Blicken in der Einsamkeit wieder entschwanden. Wir genossen die Aussicht, bedauerten jedoch, überall nur teilnahmslos vorbeizurollen. Zu gerne wären wir in den kleinen Dörfern geblieben und hätten uns umgesehen, zu gerne hätten wir den Hirten Gesellschaft geleistet, zu gerne hätten wir an den Seen gehalten, um den Lamas zuzusehen. Wir schluckten jedoch nur einen Kilometer nach dem anderen und mußten uns nach einigen Stunden, wegen der aufkommenden Müdigkeit, sogar dazu zwingen, die Augen vor dieser eindrucksvollen Natur offen zu behalten. Als die Sonne hinter den Bergen verschwand, ging im Zugabteil ein schwaches Licht an. Es wurde sehr schnell kalt, und wir suchten uns einen kleinen Platz in der Menschenmasse im Abteilinneren. Langsam rollten wir durch die Nacht und kamen immer wieder durch kleine Dörfer, in denen man auf dem Bahnhof schon die Öllampen angezündet hatte. Wir wurden immer müder, waren jedoch genauso bequem wie alle anderen Touristen auch und warteten nur darauf, endlich in Cuzco anzukommen. Kaum einer hatte den Mut, in einem dieser unscheinbaren aber typischen Dörfer Perus auszusteigen, um dort in Ruhe die Nacht zu verbringen. Ein jeder wollte nach Cuzco ins Touristenzentrum, wo alles an Komfort geboten wird. Wo man sich fast wie zu Hause fühlt, weil genauso viele Touristen herumlaufen wie Einheimische. Genau diese Bequemlichkeit nutzten viele Diebe aus und machten sie den Touristen zum Verhängnis. Auch uns hatten die vielen neuen Eindrücke spürbar geschwächt. Wir waren zwar wach, was jedoch nicht mit wachsam gleichzusetzen war. Abwechselnd versuchten wir, uns auf unser Gepäck zu konzentrieren und auf die Leute zu achten, die uns streiften oder berührten. Als wir dann mitten in der Nacht in Cuzco ankamen, wurde uns klar, warum genau dieser Bahnhof als der gefährlichste Perus gilt.

Es war Endstation, und der Zug leerte sich auf einen Schlag. Genauso übermüdet wie alle anderen auch, mischten sich die Touristen unter die Masse. Helen, Birgide und ich hielten uns so dicht wie möglich hintereinander. Birgide bewachte den Rucksack ihrer Freundin, die vor ihr ging, und ich paßte auf Birgides Rucksack auf, trug jedoch gleichzeitig meinen Rucksack auf der Brust und verschränkte die Arme darüber. Warum wir das machten, wird einem erst klar, wenn man mit Touristen spricht, die besonders in Cuzco schlechte Erfahrungen gemacht haben.

Es ist unvorstellbar, mit welcher Geschicklichkeit die organisierten Banden arbeiten. Zu zweit oder zu dritt bewegen sie sich im Menschengewühl bis hin zu den müden Touristen, die sich von der Masse tragen lassen.

Mit scharfen Messern und Rasierklingen schneiden die Diebe Rucksäcke, Fototaschen oder Hosentaschen auf, holen sich die Wertsachen heraus, und bevor man es bemerkt, verschwinden sie mit Pässen, Fotoapparaten und Geldbeuteln wieder in der Masse. Ich traf jemanden, der sich extra ein dünnes Eisengitter in seine Fototasche eingenäht hatte. Dafür hatte man ihm Schaum auf den Rucksack gesprüht, ihn darauf aufmerksam gemacht und als er sich danach umdrehte, schnitt man ihm von der anderen Seite seinen Rucksack auf und stahl ihm ein Paar Schuhe. Ein anderer erzählte mir, daß man ihm erst die Hose aufgeschnitten hatte, dann den Geldgurt, den er darunter trug und ihm dann einen 100 US $-Schein stehlen konnte. Er erzählte mir von einem Mädchen, dem man unbemerkt die Brusttasche aufgeschnitten hatte, um ihr Geld zu entwenden; einem anderen wurde unbemerkt der Brustbeutel abgeschnitten und gestohlen. Deshalb hielt ich immer eine Hand über den Geldgurt unter der Hose und legte die zweite Hand über den Rucksack und den Brustbeutel, in dem ich meinen Fotoapparat hatte. Der Brustbeutel war zur Sicherheit noch mit einer Schnur an der Hose befestigt.

Als wir endlich den Ausgang erreichten und in einem Taxi saßen, konnte ich das Gähnen genauso wenig unterdrücken wie das Lachen. Man hatte mir die Außentasche meines Rucksackes aufgeschnitten.

Während im selben Moment sicherlich viele Touristen, denen Paß oder Geld, vielleicht sogar beides gestohlen wurde, schon mit der Rückreise beschäftigt waren, konnte ich mich glücklich schätzen, daß mir nur ein Kugelschreiber fehlte.

Zufrieden fanden wir ein billiges Hotel und machten es uns dort gemütlich.

EIN BRIEF AN DIE ELTERN

Cuzco, den 5. November 1983

Liebe Mami, lieber Papi,
hoffentlich ist in Old-Luxemburg noch alles genauso wie bei meiner Abreise und bleibt auch so, bis ich in 10–11 Monaten wieder zurückkomme.

Ich bin erst seit drei Wochen unterwegs und könnte schon ein Buch über das bisher Erlebte schreiben.

Bitte, wenn Ihr meinen Brief erhaltet, sorgt Euch nicht um mich. Lest ihn Euch durch und freut Euch auf den nächsten Brief. Sicherlich werdet Ihr vieles nicht verstehen können, weil uns nicht nur ein Weltmeer trennt, sondern vielmehr zwei Welten.

... Vor einigen Tagen bin ich mit zwei Däninnen in Cuzco angekommen. Wir fanden ein sicheres Hotel und machten es uns gemütlich.

Cuzco liegt auf 3400 Meter, so daß unsere erste Sorge die Akklimatisierung war. Wir bewegten uns nur wenig und zwangen uns zum Trinken. Immer wieder kaufte ich Papayasaft, von dem ich in Europa noch nie gehört hatte und somit auch nicht wußte, daß er mit Leitungswasser zubereitet wird. An unserem dritten Tag in Cuzco passierte es dann: Schon am Morgen bekam Birgide Halsschmerzen und Kopfweh, Helen mußte wieder starke Tabletten gegen ihre Darmprobleme nehmen, und am Abend meldete sich auch mein Magen. Bis Mitternacht war alles nicht so schlimm, doch dann begann die Lauferei zur Toilette. Kaum lag ich im Bett, wurde ich schon wieder vom natürlichen Bedürfnis getrieben. Da unsere Zimmertoilette, die als einzige Lüftung ein Fenster in unser Zimmer hatte, nicht immer zu meiner Verfügung stand, mußte ich mir immer wieder eine andere Toilette suchen. Dabei verstand ich, warum Geschichten über Darmprobleme unter Perureisenden Thema Nr. 1 sind. Um 3.00 Uhr morgens waren die meisten Toiletten besetzt. Fand man eine freie, befand sie sich in einem Zustand, den man nur akzeptieren konnte, weil man sich denken konnte, daß es dem Vorgänger genauso schlecht ging wie einem selbst.

Die beiden Däninnen Helen und Birgide, die mich mitten in der Nacht ins Krankenhaus schleppten

Nach fast schlafloser Nacht mußte ich am nächsten Tag das Bett hüten. Da es den zwei Däninnen nicht viel besser ging, beschlossen wir, im Zimmer zu kochen. Wenn ich Euch sage, daß fast alles in einem großen Mülleimer landete, könnt Ihr Euch vorstellen, wie es geschmeckt hat. Was Ihr Euch jedoch nicht vorstellen könnt, ist, wie unser Zimmer aussah und roch, als eine Wand des Eimers herausbrach und der ganze Dreck unter anderem in den Ritzen des Bretterbodens verschwand. Als am Abend dann auch noch die Rennerei zur Toilette wieder begann, wurde die Luft in unserem Zimmer zum Durchschneiden dick.

Es war kurz vor Mitternacht, als ich kaum mehr vom Klo zu bewegen war. Obwohl mein Magen leer war, wechselten sich Brechreiz und Durchfall ab. Mal brach ich in Schweiß aus, dann fröstelte es mich wieder. Erst bekam ich Angst, dann brach die Panik aus. Mein einziger Gedanke war: Ich muß so schnell wie möglich ins Krankenhaus. Es gelang mir jedoch kaum, mich anzuziehen, da ich mich ständig auf dem Boden zusammenrollen mußte, um die Krämpfe ertragen zu können. Die beiden Däninnen waren unterdessen wach geworden und entschlossen sich, mich zu begleiten. Wir weckten den Portier und fanden auch sehr schnell ein Taxi. Ich rollte mich auf dem Vordersitz zusammen, und schon fuhren wir los durch die engen Gassen der alten Inkahauptstadt. Die Fahrt wollte kein Ende nehmen. Immer wieder kam eine Kurve, immer wieder hielten wir an und immer wieder versuchte ich, mich kleiner zusammenzurollen. Dann endlich: Endstation Krankenhaus. Ich glaubte schon an eine Erlösung. Die beiden Däninnen schleppten mich in die Empfangshalle, wo ich mich nur noch auf den Boden legen konnte. In Luxemburg hätten sich sofort mehrere Ärzte auf mich gestürzt, um mir zu helfen, hier hingegen liefen mehrere Herren in weißen Kitteln an mir vorbei, als hätten sie mich nicht gesehen. Es geschah erstmal gar nichts. Irgendwann kam dann jemand und bat mich, meinen Namen und meine Anschrift aufzuschreiben. Ich bat Helen, dies für mich zu tun. Erst jetzt durften die beiden Däninnen mich in ein Krankenzimmer tragen. Dort nahm sich ein Arzt meiner an, tastete mehrmals meinen Magen ab, sagte etwas zu einer Schwester und gab mir eine Spritze. Was immer er mir gegeben hatte, es wirkte Wunder. Ich fühlte mich wie neugeboren, bekam noch ein Rezept, zu dem der Arzt etwas sagte, was ich nicht verstand, zahlte einen minimalen Betrag und durfte ins Hotel zurück.

Kaum lag ich im Bett, schlief ich völlig erschöpft ein. Bis gegen 4.00 Uhr hatte ich meine Ruhe, als plötzlich Schmerzen, wie ich sie noch nie vorher erlebt hatte, auftraten. Ich wollte aufs Klo, konnte jedoch nicht aufstehen. Also ließ ich mich aus dem Bett fallen und krabbelte zur Toilette. Ich fühlte mich wie eine Tube, aus der man auch noch den letzten Rest holen wollte. Als ich danach Durst hatte, entschloß ich mich, einen heißen Tee zu kochen. Mit der einen Hand suchte ich alles, was ich dazu brauchte, mit der anderen drückte ich meinen Magen zusammen. Jedoch schon nach ein paar Schluck... und ich brach zusammen. Mittlerweile hatte sich auch Birgides Zustand verschlechtert, so daß nur Helen in der Lage war, mir zu helfen. Sie wollte mich zurück ins Krankenhaus bringen. Krankenwagen war keiner zu haben und ein Taxi, um 4.00 Uhr morgens, auch nur schwer zu finden. Trotzdem hatte Helen eines gefunden und kam damit ins Hotel zurück. Der Taxifahrer war von meinem Zustand gar nicht begeistert. Er brachte uns so schnell wie möglich vor das Krankenhaus und überließ uns dort unserem Schicksal. Schicksal war, daß wir den Eingang nicht sofort fanden, und Helen mich deshalb noch einige Meter weit schleppen mußte. Dann endlich lag ich wieder in der Empfangshalle und wartete, wie auch schon beim ersten Besuch, bis mir jemand zur Hilfe kommen würde. Als ich den Arzt erkannte, der mich schon vorher untersucht hatte, wurde ich erstmal zurechtgewiesen. Erst jetzt, nachdem er mich ausgeschimpft hatte, verstand ich, daß ich die Medikamente, die er mir aufgeschrieben hatte, noch in der Nacht hätte nehmen müssen, ansonsten würde das passieren, was passiert ist. Daß in Peru um 2.00 Uhr morgens Apotheken offen haben, damit hatte ich nicht gerechnet. Noch schlimmer war jedoch die Erfahrung, daß mir mangelnde Spanischkenntnisse so zum Verhängnis werden konnten. Als sich der Arzt wieder beruhigt hatte, kam jemand mit einem Rollstuhl, hob mich hinein, gurtete mich fest und brachte mich in die dritte Etage. Dort fuhr er mich zu einem anderen Patienten in ein Zimmer. Eine Schwester half mir einen Kittel überzuziehen, legte mich in ein Bett, über das ich nur deshalb nichts sagte, weil ich in meinem Zustand nichts Besseres verdient hatte und gab mir noch eine Spritze. Ich wurde noch an eine Infusionsflasche angeschlossen und schlief endlich unbekümmert ein.

Als ich erwachte, stand das Mittagessen bereit. Suppe, Gemüse und dazu ein heißer Tee. Die Qualität spielte keine Rolle, wichtiger war mir die Quantität. Ich aß alles auf und bat auch noch um eine zweite Portion Tee. Leider gelang es mir nicht, das Essen bei mir zu behalten. Die einzige Antwort, die man darauf zu kennen schien, war, mir wieder eine Spritze zu verpassen, um mich in die Welt der Träume zu schicken.

Als ich geweckt wurde, standen drei Ärzte und sechs Krankenschwestern um mein Bett herum. Mit prüfendem Blick näherte sich einer der Ärzte, sah mir in die Augen, dann in die Ohren und erzählte etwas, was ich unmöglich verstehen konnte. Als er wieder neben seinen Kollegen stand, fragte er mich etwas. Da ich nicht reagierte, wiederholte er seine Frage und wartete. Ich verstand noch immer nichts und sah ihn weiterhin ratlos an. Plötzlich streckten mir alle drei Ärzte gleichzeitig ihre Zungen entgegen, was fast zu einem Mißverständnis geführt hätte. Erst jetzt verstand ich, daß man meine Zunge sehen wollte, was nicht weiter schwierig war. Ich zeigte sie ihnen und gab ihnen wieder Anlaß, etwas über meinen Zustand aufzuzeichnen. Als sie genug geschrieben hatten, verließen sie mich. Nachdem die Ärzte weg waren, bekam ich Besuch von Helen und Birgide. Sie brachten mir frische Kleidung und erzählten mir, daß sie umgezogen waren.

Unser Zimmer mußte unbewohnbar geworden sein. Da die zwei am nächsten Tag weiter wollten, hatten sie meine Sachen in der Rezeption hinterlegt. Es sei alles in Sicherheit, beruhigten sie mich. Sie wünschten mir noch viel Glück, wir tauschten Adressen aus und verabredeten uns in einem Jahr in Europa. Kaum waren sie weg, kamen die sechs Praktikantinnen an. Sie begannen auf mich einzureden, schauten mich an, lachten und kicherten. Mit Hilfe meines Wörterbuches versuchte ich zu erfahren, welche Krankheit ich hatte, wie es um mich stand. Es war jedoch zwecklos. Entweder man verstand mich nicht, oder man wußte es nicht.

Nach und nach kamen die Patienten aus den Nachbarzimmern und besuchten mich. Man lachte, grinste, erzählte Geschichten und stellte Fragen, die ich nicht verstand. Ein Junge hatte auf meinem Bett Platz genommen und begann mit meiner Infusionsflasche herumzuspielen. Als er einmal die Zufuhr für die Flüssigkeit öffnete, wäre ich fast aus dem Bett gefallen. Lachend drehte er den Hahn wieder zu.

Unter den Augen der Besucher schlief ich wieder ein und träumte von zu Hause. Schon tagsüber war mir mehrmals der Gedanke gekommen, daß meine Reise womöglich schon zu Ende sein könnte. Innerhalb von 3 Wochen war schon so viel schief gelaufen und jetzt kamen auch noch die Zweifel an einer baldigen Genesung. Andererseits wollte ich auch nicht einer von denen sein, die verfrüht umkehren und nur schlechte Erfahrungen mit nach Hause nehmen.

Ein natürliches Bedürfnis holte mich wieder in die Realität zurück. Mitten in der Nacht mußte ich plötzlich auf die Toilette. Im Hospital war es ganz still. Es herrschte tiefe Nacht, und ich hing noch immer an der Infusionsflasche, die an einem 2,5 Meter hohen Gestell befestigt war. Es war für mich unmöglich, sie abzuhängen, so daß ich auf eine Klingel neben meinem Bett drückte, um eine Krankenschwester zu rufen. Ich hörte, wie sich draußen im Gang das Klingelzeichen verlor, konnte sogar eine rote Alarmglocke erkennen, es tat sich jedoch nichts. Auch nachdem ich ein zweites Mal und sogar ein drittes Mal Sturm läutete, tat sich nichts.

Da ich das Schlimmste verhindern wollte, zwang ich mich aufzustehen. Ich wollte versuchen, mich selbständig aufzuraffen, um mich in Richtung Toilette zu bewegen. Erst jetzt merkte ich, wie schwach ich geworden war. Ich mußte mich an den Ständer der Infusionsflasche klammern, um aus dem Bett zu kommen. Da mich meine Beine allein unmöglich hätten tragen können, hängte ich mich, so gut es ging, an das Gestell und schob es langsam über den Boden in Richtung Toilette. Nicht ohne Probleme erreichte ich auch den Eingang, als ich jedoch durch die Tür wollte, brach ich verzweifelt zusammen. Die Stange war so lang, daß sie unmöglich durch den Türrahmen paßte, und solange die Stange nicht hineinging, blieb auch die Flasche draußen, und da ich an der Flasche hing, war es auch für mich unmöglich, auf die Kloschüssel zu kommen. Verzweifelt lag ich auf dem Boden und begann auf Italienisch um Hilfe zu rufen. Da niemand kam, wurde ich immer lauter, und erst als ich losschrie, hatte ich einen Patienten geweckt, der ankam, die Flasche abhängte und mir in die rettende Toilette half.

In den folgenden Tagen wurde ich mit Medizin vollgepumpt. Neben Reisbrei und Suppen fütterte man mich mit Tabletten, Kapseln, Säften und Spritzen. Als an einem Abend die Ärztin das sechste Mal mit demselben Medikament ankam, fragte ich sie verwundert, wie oft ich es überhaupt nehmen müsse. »Dreimal«, meinte sie überzeugt und ließ mich schlucken.

Trotz allem ging es wieder aufwärts mit mir, und heute konnte ich schon ein wenig spazierengehen. Mit großem Appetit hatte ich mein Mittagessen aufgegessen und behielt es auch ohne Schwierigkeiten im Magen.

Gerade bin ich kurz aus dem Krankenhaus geflohen und habe mir in einem nahegelegenen Laden Schokolade und Schreibsachen gekauft, um Euch diesen Brief schreiben zu können.

Gewiß, beim Schreiben kamen mir so manche Zweifel, ob ich ihn überhaupt abschicken soll. Er ist eigentlich mehr Bestandteil meines Tagebuches, das im Hotel liegt. Da es mir jetzt jedoch wieder ganz gut geht und ich sicherlich das schwärzeste Kapitel meiner Reise gut überstanden habe, wollte ich Euch meine Offenheit beweisen. Daß alles gar nicht so schlimm ist, versteht man sicherlich nur, wenn man diese andere Welt einmal kennengelernt hat.

Bitte sorgt Euch nicht um mich und vertraut mir.

Bis bald! Ciao, Euer Patrick

ISOLATION

Die letzten Tage im Krankenhaus zwang ich mich, mich zu bewegen, aß soviel wie möglich, lernte Spanisch und schrieb Briefe.

Am fünften Tag wurde ich mit einer Rechnung von 15,– DM entlassen. Als ich das sah, konnte ich auch ein erstes Mal wieder lachen.

Endlich an der frischen Luft, nahm ich sofort einen Bus zum Hotel, holte meine Sachen und wollte den nächsten Zug nach Juliaca nehmen. Zielstrebig begab ich mich zum Schalter der ersten Klasse. Ich sah, wie sich im Nebenraum, genauso wie in Arequipa, ein buntes Durcheinander von Indios den Weg zum überfüllten Schalter der 2. Klasse bahnte, während ich meine Fahrkarte sofort kaufen konnte.

Auch der Bahnsteig der ersten Klasse war, abgesehen von ein paar Touristen, fast menschenleer. Ich betrat ein sauberes, gut durchlüftetes Zugabteil, in dem die Sitze weich gepolstert waren. Die einzigen Leute, die ich dort traf, waren Touristen. Man sprach über das Erlebte, schmiedete neue Pläne, las im Reiseführer oder schrieb Tagebuch. Mittags konnte man sich sein Essen bestellen und wurde mit einem europäischen Menu bedient. Als auch ich hungrig wurde, wollte ich in die zweite Klasse, um mir dort etwas Billigeres zu besorgen. Die Tür dorthin war jedoch verriegelt und dasselbe galt auch für die Waggontür, so daß man sich nicht mal an die frische Luft setzen konnte.

Wir waren zwar vor Dieben sicher, befanden uns jedoch in einer derart isolierten Lage, daß man nur noch an der Landschaft erkennen konnte, daß man sich nicht in einem europäischen Zug befand.

Ein Monat war vergangen, gesehen hatte ich jedoch noch nicht sehr viel. Dafür durfte ich so manches erleben, was ich trotz der unangenehmen Erfahrungen nicht unbedingt hätte missen wollen. Zu Peru gehörte mehr als nur Machu Picchu und der Titicacasee, so wie Bolivien nicht nur die Hauptstadt La Paz ist.

DER »RITT« NACH LA PAZ

Noch bei Morgengrauen verließ ich mit meinem Rad Juliaca. Es war noch eisig kalt. Jeder Atemzug brannte bis in die Lunge hinunter und kam dann in Form einer Dampfwolke wieder hervor. Als nach wenigen Kilometern auch mein Gesicht brannte, zog ich meine Turnhose über den Kopf und schützte Nase und Mund gegen die Kälte. Außerdem schlüpfte ich mit Socken über den Händen in meine dünnen Handschuhe und zog eine zweite Trainingshose an. Es mag komisch ausgesehen haben, wie zweckfremd ich meine Kleidung benutzte, aus Gewichtsgründen mußte ich mich jedoch in allem einschränken und mich mit dem, was ich hatte, zufrieden geben.

Mittlerweile war ich zwar schon akklimatisiert, hatte aber trotzdem noch so manche Schwierigkeiten beim Radfahren. Auf der ersten leichten Steigung, wahrscheinlich von 3950 bis auf 4000 m ü.M. ging mir die Luft aus, und ich mußte schieben. Auf dem »Paß« blieb mir die Luft dann völlig weg. Vor mir lag ein riesiger See, dessen gegenüberliegendes Ufer ich nicht erkennen konnte. »Lago Titicaca« nennen die Indios stolz ihren höchstgelegenen, schiffbaren See der Erde. »Der Lago Titicaca«, stammelte ich leise vor mich hin und freute mich noch mehr, als plötzlich die Sonne wie ein Feuerball aus dem Wasser auftauchte. Sofort schenkte sie der Natur ihre Wärme und weckte jeden, der geweckt werden mußte.

Am Seeufer kamen die Indios aus ihren Hütten gekrochen. Mit ihren Schilfbooten fuhren sie hinaus auf den See zum Angeln, begannen, die umliegenden Felder zu pflügen oder neue Bewässerungskanäle zu bauen. Vor den ärmlichen Hütten spannen und webten Frauen und dazwischen tobten ihre Kinder. Als die Kinder mich ankommen sahen, rannten sie zur Straße und riefen mir lachend zu: »Gringo, Gringo, dame dollares«, schenk mir Dollar, schenk mir Dollar, als sei ich nach Lateinamerika gekommen, um mein Geld zu verschenken. Oftmals liefen sie mir noch lange hinterher und schienen die größte Freude am Frühsport zu haben.

Ich begegnete kleinen Gruppen von Männern und Frauen, die auf dem Weg zu den Feldern Wolle spannen. »Buenos Dias« grüßte ich freundlich, worauf sie mir mit einem Gekicher antworteten.

Gegen Mittag holte ich zwei peruanische Radfahrer ein und schloß mich ihnen an. Ich freute mich, daß ich schon ein wenig Spanisch gelernt hatte und mich mit ihnen unterhalten konnte. Sie freuten sich, einiges über mein Rad, meine Herkunft, mein Ziel zu erfahren. Plötzlich wurde unsere Unterhaltung durch einen herankommenden Lkw unterbrochen. Sofort verließen die beiden Peruaner die Straße und radelten auf dem Rollsplitt am Straßenrand weiter. Ich hingegen tat dasselbe wie in der Wüste, als ein Lkw ankam. Mich auf den Rückspiegel konzentrierend, hob ich die linke Hand und gab Zeichen, doch bitte Abstand zu halten, dann bedankte ich mich mit einem anderen Zeichen und wiederholte die Prozedur mehrmals. Nur sehr selten mußte ich die Straße verlassen, um nicht überrollt zu werden. Meistens fuhr man mit übertriebenem Abstand an mir vorbei und grüßte mit dem Horn.

Am nächsten Tag begleitete mich ein peruanischer Pfarrer fast bis an die bolivianische Grenze. Er war unterwegs zu seiner Gemeinde, in der er, trotz mehrstündiger Anfahrt, zweimal die Woche das Wort Gottes verkündete. »Adios padre, adios Peru«, rief ich ihm noch nach und begab mich zur Zollstation.

Bolivien empfing mich mit einer staubigen Straße, wie sie unangenehmer kaum hätte sein können. Sandstaub versteckte große Steine, auf die ich deshalb immer nur zufällig stieß. Angenehm überrascht wurde ich dabei jedoch nie. Ich bekam meinen zweiten Platten und dann auch sofort den dritten, brach meine erste Speiche und zerstörte den Kilometerzähler, und immer wenn ein Lkw kam, schluckte ich mehr Staub, als mir lieb sein konnte. Wenn ich mich nicht gerade in einer Staubwolke befand, wußte ich jedoch, warum ich versuchte, über diese Nebenstraße zu radeln.

Auf einer hügeligen Landzunge bewegte ich mich auf eine schneebedeckte Bergkette zu. Vor mir lagen die Andenriesen und zur Linken und zur Rechten spiegelte sich die Mittagssonne im Titicacasee. In den vielen kleinen Buchten lagen an den Seeufern Fischerdörfer, und überall sah man die farbenprächtig gekleideten Indios.

In einem dieser Dörfer endete die Straße dann auch, und ich mußte mit einer primitiven Fähre übersetzen. Auf der anderen Seite empfing mich eine gut geteerte Straße, jedoch leider auch das Ende dieses Paradieses. Es war der erste Beweis und es folgten noch unzählige, daß durch die schönsten Gegenden die schlechtesten Straßen führten. Dafür empfand ich eines Radfahrers größtes Glück, als leichter Rückenwind und ein schwaches Gefälle mir ein problemloses Vorankommen ermöglichten. Zwei Stunden lang saß ich freihändig auf meinem Drahtesel und ließ mich vom Wind treiben. Erst als der Verkehr dichter wurde und sich damit eine Siedlung ankündigte, faßte ich wieder zum Lenker, lockerte die Pedalriemen, zog meinen Helm auf und rollte hinein in die Blechlawine. Überall fuhren Taxis und Busse herum. Zwischen unzähligen Baracken standen einige Hochhäuser, aus mehreren Bars dröhnte Musik, in den Hinterhöfen bellten Hunde und schrien Kinder. Und dann, auf einmal, inmitten der Zivili-

Peruanische Grenze nach Bolivien

Radfahrerglück am Titicacasee

sation, stand ich vor einem gewaltigen Abgrund, einem riesigen Loch, das bis zum Rand mit Häusern gefüllt war. »La Paz«, tauften die Spanier die alte Inkasiedlung, die heute, als höchstgelegene Hauptstadt der Erde, im wahrsten Sinne des Wortes aus den Fugen platzt. Die ärmlichen Slums schieben sich schon über den Kraterrand hinaus und bilden das 4100 Meter hoch gelegene »La Paz alto« und 600 Meter weiter unten bieten pompöse Hochhäuser das typische Bild einer modernen Großstadt.

Mit dem Blick in den Kessel und im Hintergrund auf den schneebedeckten Illimani, setzte ich auf der sechsspurigen Autobahn zur Abfahrt an. In Gedanken versunken holte mich plötzlich eine Sirene in die Realität zurück. Ein Polizist auf einem Motorrad überholte mich und zwang mich zum Anhalten. »Bicicletta no autopista«, meinte er und bat mich um meinen Paß. Verwundert sah er mich an, als ich mein Fahrrad vor sein Motorrad legte und ihm erst dann meinen Paß gab. Dies tat ich, weil ich schon oft gehört hatte, daß Polizisten bei Paßkontrollen mit dem Paß verschwinden.

Etwas verloren begann der Mann in Uniform im Paß zu blättern, drehte ihn in alle Richtungen und gab ihn mir dann zurück. »Aleman«, sagte ich ihm. »Ah Aleman«, meinte er und schaute auf sein Motorrad: »BMW mui bien«, lobte er es und schaute lächelnd auf mein verlottertes Rad: Ich solle doch bitte ganz rechts fahren, bat er mich, und verschwand, mir »Adios« nachrufend, in seiner eigenen Smogwolke.

DER TAUSCH

Sicherlich war La Paz eine einzigartige Großstadt, ganz anders als alle anderen Großstädte, aber es war eben eine Großstadt.

Es waren jedoch weder die Großstädte noch die weniger großen Städte, die mich nach Lateinamerika getrieben hatten, sondern vielmehr die Neugierde auf das, was zwischen den Städten passiert. Also verließ ich auch La Paz wieder sehr schnell. Noch vor Sonnenaufgang begann ich mit der Auffahrt nach La Paz Alto. Als ich trotz der Morgenfrische ins Schwitzen kam und anhielt, um meinen Anorak auszuziehen, kamen zwei Betrunkene auf mich zu. Sie stützten sich auf mein Rad und begannen Frauengeschichten zu erzählen. Ich fragte sie nach dem Weg, worauf mir einer von ihnen einen Zahn schenkte. Er erzählte mir, daß mir der Zahn Glück bringen werde, er sei nämlich Zahnarzt und es sei der erste Zahn, den er

Das »Altiplano«, ein Hochplateau zwischen Peru und Bolivien

Alltag auf dem fast 4000 Meter hoch gelegenen Altiplano

einem Patienten gezogen hatte. Dann stützten sie sich wieder gegenseitig und taumelten weiter.

Glück war sicherlich nicht schlecht, einen Energiespender hätte ich jedoch zu diesem Zeitpunkt fast besser gebrauchen können. Trotzdem, als die Sonne aufging, hatte ich es geschafft und war wieder oben auf dem Altiplano. Erst verschwand das große Loch, dann das letzte Haus und sehr bald war auch kein Auto mehr zu sehen.

Gemütlich und doch gespannt und neugierig rollte ich durch eine trokkene Buschlandschaft. Es war noch stiller als in der Wüste, da selbst mein Kilometerzähler seine Stimme verloren hatte. Trotzdem lag etwas Hörbares in der Luft.

Ich näherte mich einer Schafherde, erkannte von weitem schon die Hirtin in ihrem roten Poncho und trotz der Entfernung war mir, als hörte ich die Schafe grasen. Ich radelte an einem Bauern vorbei, der mit zwei Eseln und einem Holzpflug auf dem Weg zu seinen Feldern war. Jeden Schritt, den die Esel auf dem steinigen Boden taten, glaubte ich vernehmen zu können.

Ich hörte einen Hund bellen, und erst viel später kam ich an einem Hof vorbei. Lange noch hallte das Bellen hinter mir her, bis es sich endgültig in der Buschlandschaft verlor.

Das leise Summen des Fahrtwindes wurde plötzlich durch Trommeln und Flötenmusik unterbrochen. Erst hielt ich es nur für eine Melodie des Windes, als ich jedoch von weitem eine große Menschenmasse erkennen konnte, wußte ich, daß es etwas anderes war. Vor mir auf der Straße lief ein farbenprächtiger Menschenzug. Abstand haltend fuhr ich an die letzte Gruppe heran. Kaum hatte man mich jedoch entdeckt, rannte man auf mich zu und tanzte um mich herum. Zwei Teufel mit gefährlich aussehenden Masken sprangen ständig auf mich zu und gaben komische Laute von sich. Sie erinnerten mich an Bauchredner, außer daß die Töne höher waren. Es war das erste Mal, daß ich mich auf der Reise bedroht fühlte und gar nicht wußte, was ich tun sollte. Ich beging sicherlich einen der größten Fehler, indem ich meinen Fotoapparat herausholte. Es war sehr verdächtig, daß man mich auf mein Bitten hin fotografieren ließ, und trotzdem konnte ich mich nicht zurückhalten. Nach 2 Fotos stürzten sich die Teufel auf mich und schrien mich an: »pagar! pagar!« Sie wollten für die Fotos bezahlt werden. Zum Glück hatte ich nur wenig Geld in den Hosentaschen, das ich ihnen gab. Das große Geld im Geldgürtel unter der Hose wollte ich auf keinen Fall herausholen. Sie wollten jedoch nicht glauben, daß ich nur so wenig Geld dabei hatte und baten, in meine Hosentaschen sehen zu dürfen. Als auch sie nichts fanden, kam mir der Gedanke an

Nicht ganz ungefährliche Teufel

meine Postkarten aus Luxemburg. Ich holte Postkarten von Luxemburg und der großherzoglichen Familie heraus und gab sie den Teufeln. Als man die Karten begeistert bewunderte, wollten immer mehr Leute die Karten sehen. Unter großem Beifall verschenkte ich einen Teil meiner Dokumentation von Luxemburg und wurde daraufhin gebeten, von jeder Gruppe Fotos zu schießen.

Als ich mich diskret an den Straßenrand zurückzog, erfuhr ich von einem kleinen Jungen, daß man den Geburtstag der Provinz feierte. Von allen umliegenden Dörfern und Höfen war man angereist und zog jetzt tanzend und musizierend auf den Dorfplatz der unscheinbaren Provinzhauptstadt.

Welch ein Kontrast zu dem Eindruck, den ich bis jetzt von den Bolivianern bekommen hatte, war es, die Bolivianer auf diesem Fest zu erleben. Wieviel Energie steckte doch in der Hirtin, die den ganzen Tag schweigend den Schafen zuschaut, im Bauern, der Stunden alleine auf den Feldern verbringt, in den Kindern, die verschreckt wegliefen, wenn ich an ihren Höfen vorbeiradelte.

Welch ein Unterschied war es auch zu den Touristikzentren, wo man an jeder Ecke von einem Bettler, einem Kind oder einem Blinden um Geld gebeten wurde. Auf dem Wege zum Dorf war ich zwar ständig von Kindern umringt, diese wollten jedoch alle nur den Vorderreifen meines Raleighrades berühren, an den Lenker greifen oder immer wieder die fünf Zahnräder auf der Hinterachse zählen. Daß das Rad zehn Gänge hatte, wollte man in jedem zweiten Satz hören. Zehn Gänge, mehr als ein Auto, das war für die meisten unfaßbar. Anders war auch, daß trotz eines Ereignisses kein Tourist zu sehen war. Überall wirbelten nur die bunten Röcke der tanzenden Indiofrauen durch die Luft. Immer wilder und ausgelassener tanzte alles, was sich schon auf den Beinen halten konnte, und wer noch nicht stehen konnte, saß bei seiner Mutter auf dem Rücken.

Plötzlich verstummten die Trommeln. Die Musikanten nahmen ihre Panflöten und Kenas vom Mund und stellten die Charangos ab. Alles starrte auf eine Tribüne inmitten der Menschenmasse.

Die Hirtin, die gerade noch ausgelassen getanzt hatte, stand wieder schweigsam und unbeweglich da. Der Bauer, der wie ein Wilder auf die Trommel gehauen hatte, verstummte. Die Kinder, die zwischen den Leuten herumgetollt waren, standen regungslos neben ihren Eltern. Weil etwas passieren mußte, kletterte ich schnell auf einen Lkw, um wie alle auf die Tribüne sehen zu können.

Ein Mann mit Hemd und Krawatte und einem sauberen Anzug, ganz im westlichen Stil, bekam ein Mikrophon und begann seine Ansprache an das farbenprächtige Publikum:

»Meine Damen und Herren. Ich freue mich, daß Sie so zahlreich zum Geburtstag unserer Provinz erschienen sind,... Ich möchte jedem von Ihnen danken, daß sich unser Land so gut entwickelt hat,... und wir müssen weiterhin gegen die Ausbeuter kämpfen, wir müssen kämpfen gegen die Imperialisten, die uns unterdrücken wollen, nieder mit den Amerikanern, nieder mit den Franzosen, nieder mit den Deutschen.«

Ich bekam es mit der Angst zu tun, als ich das hörte. Hätte man auf ihn gehört, hätten sich die Indios auf mich stürzen dürfen. Mir geschah jedoch nichts, als ich mich in der Menschenmasse bewegte, die kurz vorher vor Zufriedenheit fast noch platzte und jetzt mit düsteren Blicken auf einen Mann mit Anzug und Krawatte starrte. Trotzdem suchte ich das Weite.

HINAUF ZUM »DACH DER ANDEN«

Am nächsten Tag änderte die Hauptstraße ihre Richtung, und schon sehr bald erkannte ich vor mir die Andenkette. Wie eine undurchdringliche Mauer grenzte sie im Osten das Hochplateau ab und machte mir den weiteren Verlauf der Straße zu einem Rätsel. Wäre auf meiner Landkarte nicht ein dünner Strich als Vermerk für eine Landstraße eingetragen gewesen, dann hätte ich die gut asphaltierte Straße, auf der ich dahinrollte, für eine Sackgasse gehalten. Dennoch sollte mich genau diese Straße in das Herz von Bolivien führen.

Ich war den Sechstausendern schon beachtlich nahe gerückt, als sich meine Bedenken bezüglich der Sackgasse in gewisser Weise bestätigten. Eine kleine Stufe bedeutete das Ende der Straße. Alles was danach kam, war nicht mehr als solche zu definieren.

Zwischen zwei hohen Felsen eingebettet lag ein Gebirgsbach. In seinem fast wasserleeren Flußbett hatte man aus Steinen und Sand einen breiteren Weg angelegt. Regen hatte die Oberfläche ausgespült und unendlich viele Löcher hineingerissen, und lange Trockenheit gab dieser zum Teil wellblechartigen Piste einen resistenten Belag. Ein Auto oder ein Motorrad hätte ich an dieser Stelle stehen gelassen oder wäre umgekehrt, ansonsten wäre es nach wenigen Metern sicherlich von selbst stehen geblieben. Mein Rad hingegen nahm ich stolz in die Hand und begann zu schieben. Ich war davon überzeugt, daß sehr bald wieder eine Straße kommen würde. Geduldig und behutsam führte ich mein wertvolles Gefährt um jedes Loch herum. Wenn die Straße besonders steinig war, nahm ich es auf die Arme und stellte es dann wieder vorsichtig auf die staubige Piste. Eine Stunde wanderte ich durch die Schlucht und als der Weg immer schlechter wurde, schwand auch meine Hoffnung auf eine Straße. Umkehren wäre keine Lösung gewesen, voran kam ich zu Fuß jedoch auch kaum. So absurd es auch war, es blieb als einzige Alternative, zu radeln. Ich setzte meinen Helm auf, schaltete in den leichtesten Gang und setzte mich in Bewegung. Sofort neigte ich meinen Kopf zur Straße und suchte den Boden nach spitzen Steinen ab. Wie bei einem Geschicklichkeitstraining riß ich meinen Lenker mal nach links, mal nach rechts und dann wieder nach links, um den Vorderreifen in die mir am besten erscheinende Spur zu bekommen. Mal zuckte ich leicht am Lenker, dann riß ich wieder daran oder versuchte, ihn sicher zu halten. Dem einen Stein wich ich aus, den anderen traf ich voll.

Mit dem Blick auf das, was sich unter meinen Vorderreifen begab, blieb mein Rad plötzlich stehen, und ich mußte absteigen. Ich hatte das Flußbett verlassen und setzte zur ersten Steigung an. Obwohl ich schon sehr langsam war, verlor ich nach den ersten Höhenmetern auch noch die letzte Geschwindigkeit und war nicht mehr in der Lage, das Gleichgewicht zu halten. Als würde ich auf etwas warten, stand ich ratlos da und überlegte. Es gab jedoch nichts zu überlegen. Ich mußte wieder auf mein Rad steigen und versuchen, weiter zu fahren. Mit der Hand legte ich die Kette in den leichtesten Gang. Als ich wieder im Sattel saß, klammerte ich beide Hände fest um den Lenker und begann, die Pedale zum Boden zu drücken. Da sich kaum etwas tat, erhob ich mich und benutzte meinen Körper als Schwerkraft auf die Pedale. Je nachdem, welches Pedal ich belastete, verlagerte ich mein ganzes Gewicht mal nach links, mal nach rechts. Einen Meter nach dem anderen schluckend, kroch ich den Berg hinauf, einem unbekannten Ziel entgegen. Dabei gelang es mir kaum mehr, der Flut von Steinen und Löchern vor mir auszuweichen, so daß ich hilflos herumgeschüttelt wurde. Und trotzdem war alles sehr gut zu ertragen. Ich konzentrierte mich auf die Straße und vergaß alles um mich herum. Dabei zwang ich mich zu einem gleichmäßigen Rhythmus, den ich unter allen Umständen beibehalten wollte. Im Einklang mit meinen Atemzügen be- und entlastete ich meine Pedale, spannte und entspannte meine verkrampften Hände an der Lenkstange und kam mühsam, aber unaufhaltsam voran.

Plötzlich verlor ich die Kontrolle über mein Rad. Ich entlastete den Lenker und die Pedale und versuchte das Gleichgewicht zu finden. Es war jedoch zu spät. Erst rutschte der Vorderreifen weg und dann folgte auch schon der Hinterreifen, so daß ich umkippte und stürzte. Ich lag auf einer stark nach innen abfallenden Kurve, deren sandige Oberfläche durch lange Trockenheit so glatt geworden war, daß ich mit meinen dünnen Reifen unmöglich Halt finden konnte. Es war nicht das letzte Mal, daß mir so etwas passierte, ich gestand mir jedoch, daß es sinnlos wäre, sich über die Schürfwunden und die verbogenen Radteile zu ärgern. Als ich mein Rad aufhob, es gegen eine Felswand lehnte und alles zurechtbog, mußte ich sogar lachen. Eigentlich war es verrückt, irgendwo in den bolivianischen Anden vom Rad zu stürzen und sich darüber aufzuregen, eigentlich war es genauso verrückt, wie überhaupt der Versuch, einen der vielen Andenpässe mit einem Drahtesel zu bewältigen. Trotzdem war dies alles Realität und ich war glücklich darüber. Beim Blick zurück erkannte ich die Straße, die ich gekommen war. Sie reichte weit ins Tal hinunter und schlängelte sich am Felsen vorbei den Berg hinauf. Vor mir lag die gleiche Straße und verschwand hinter einem der Felsen. Es mußte das intensive Erleben sein, das mir das grenzenlose Selbstgefühl schenkte und mir die Kraft gab, nach einigen Minuten Pause wieder auf mein Rad zu steigen und weiter zu fahren. Wieder nahm ich die gleiche Stellung ein und schleppte mich langsam voran. Ich hing schon einige Stunden am Berg und meine Energie ließ spürbar nach. Ich versuchte, mich gut zu konzentrieren und meinen Rhythmus beizubehalten. Große Felsvorsprünge lenkten mich jedoch ab. Immer wieder glaubte ich, dahinter den Paß zu erreichen, immer wieder war ich davon überzeugt, nur noch ein letztes Mal fest in die Pedale drücken zu müssen, und es dann geschafft zu haben. Aber dem war nicht so. Immer wieder stand ich dahinter vor einer neuen Steigung, deren Ende ich hinter dem nächsten Felsen erwartete. Als mir mehrmals die Luft ausging und ich anhalten mußte, sehnte ich mich mehr und mehr danach, endlich anzukommen. Ich war jedesmal davon überzeugt, daß das Ziel nicht mehr weit entfernt sein konnte, und als ich aufstieg, redete ich mir ein, daß ich beim nächsten Halt oben auf dem Paß sein würde. Aber der Paß ließ auf sich warten. Einen Felsvorsprung nach dem anderen passierte ich, bis ich endlich auf einen Bergrücken hinausrollte und die Steigung flacher wurde. Zu beiden Seiten verlor sich der Blick im Unendlichen. »Das Dach der Welt«, war mein erster Gedanke, als ich völlig ermattet den Paß erreichte. Später erfuhr ich, daß ich mich fast auf 5000 Meter Höhe befand. Was war es für ein Gefühl, nach stundenlangem Kraftakt es endlich geschafft zu haben. Ich stieg von meinem Rad und setzte mich auf einen großen Stein, einen »dreckigen Thron«. Mir wäre jedoch kein anderer lieber gewesen. Es war zwar nicht das Land Phantasien mit Schneebergen, reißenden Bächen und tiefen Schluchten, das mir zu Füßen lag, nein, es war auch kein Mensch, kein Haus, kein Lebewesen zu sehen. Nein, um mich herum lagen nur riesige, leblose Stein- und Sandberge, getrennt durch mächtige Täler, und das, soweit das Auge reichte. Ich empfand es als eine phantastische Monotonie, im Gegensatz zu einem Freund, der hier mit dem Bus vorbeigekommen war und es als langweilig beschrieben hatte. Vielleicht hätte er seine Meinung geändert, wenn auch er als Verkehrsmittel ein Rad benutzt hätte und sich auf dem Paß alle Zeit hätte nehmen können, die man brauchte, um dieses Erlebnis zu genießen. Es war mehr fühlbar, als aus einem verschmutzten Busfenster sichtbar.

In der Ruhe, die um mich herum herrschte, konnte ich mein Herz wild schlagen hören. Dabei beobachtete ich meinen Hauch, wie er in vollen Zügen meinem Mund entwich und sich an diesem windstillen Ort im Nichts auflöste. Erst langsam kam mein Körper zur Ruhe und paßte sich der friedlichen Stimmung an. Dann geschah etwas, das diese mysteriöse Umgebung auch noch verstärkte. Urplötzlich, während ich meinen Gedanken freien Lauf ließ, stand ein kleiner Indio neben meinem Fahrrad, als wäre er vom Himmel gefallen. Es blieb mir auch ein Rätsel, woher er gekommen war und wohin er gehörte, er stand nur da und schaute sich mein Rad an. Ich ging auf ihn zu, wir begrüßten uns freundlich und sprachen ein wenig miteinander. Dann wurde es jedoch Zeit, daß ich weiterfuhr. Ich schaute auf meine Uhr und wollte gerade aufsteigen, als der Indio meinen Arm nahm und die Uhr sehen wollte. Er bewunderte die billige Quarzuhr, zog seinen schönen alten Gürtel aus und hielt ihn mir zum Tausch hin. Es war schwer, ihn davon zu überzeugen, daß ich meine Uhr unbedingt brauchte und er von seinem Gürtel, der nach einem Erbstück aussah, mehr hatte.

Ich ließ ihn enttäuscht zurück und verschwand hinter der nächsten Kurve. Was ich dort zu sehen bekam, wollte ich nicht glauben. Ich konnte jede einzelne Kurve, die mich in ein tiefes Tal hinunterbringen sollte, vor mir sehen. Höhenmeter um Höhenmeter arbeitete sich die Straße nach unten, bis sie ganz klein, für das Auge kaum mehr sichtbar, die tiefste Stelle erreicht hatte, um vor mir, auf der gegenüberliegenden Seite des Berges wieder hinaufzuklettern. Ich verfolgte eine Kurve nach der anderen, bis ich sie aus den Augen verlor.

Mit dem Blick auf das, was mir bevorstand, lockerte ich die Bremsen und holperte los. Binnen Sekunden war ich jedoch so schnell, daß ich den herannahenden Steinen kaum mehr ausweichen konnte. Ich wurde immer schneller, traf immer mehr Steine, schlug in immer größeren Löchern auf und konnte meinen Lenker kaum mehr halten. Mein Rad ächzte und stöhnte, als würde es jeden Moment auseinanderbrechen. Ich wagte kaum mehr, die Vorderbremsen zu bedienen, da dabei mehr als einmal das Vorderrad weggerutscht war und ich, mit dem Kopf voraus, über mein Rad flog. Also benutzte ich fast nur noch die Hinterbremse und versuchte damit mein Rad unter Kontrolle zu bekommen. Kaum ließ ich die Bremsen ein wenig los, tobte ich über die Straße und bekam mein Rad erst unter Kontrolle, wenn ich das Bremsen nachgeholt hatte. Plötzlich hatte ich wieder einen Platten. Ich hielt an und wollte sofort reparieren. Als ich mich an der Felge verbrannte, zog ich es jedoch vor, noch ein wenig zu warten, bis sie abgekühlt war. Sie war so heiß geworden, daß der Schlauch schmolz und platzte. Außerdem war ein Teil des Bremsblockes abgenutzt. Seitdem benutzte ich vorsichtig wieder beide Bremsen und erreichte ohne größere Zwischenfälle das Ende der Abfahrt bzw. den Anfang der nächsten Auffahrt. Mittlerweile war es 15.00 Uhr geworden. Ich saß schon 8 Stunden auf meinem wackeligen Untersatz und konnte das nächste Nachtlager nur ungefähr auf der Karte erahnen. Nachdem ich jedoch wegen mangelnder Konzentration wieder einige Schläge einstecken mußte, zog ich es vor, mir

Eine außergewöhnliche Begegnung auf einem fast 5000 Meter hohen Paß

über das Nachtlager keine Gedanken mehr zu machen und mich lieber wieder mehr auf die Straße zu konzentrieren. Ich kam zwar voran, meine Kraft ließ jedoch spürbar nach. Getrieben wurde ich mehr und mehr von meiner Uhr, die mir sagte, wie lange es noch hell sein würde. Ich bemerkte zwar, daß es schon leicht zu dämmern begann, die Zeit schien jedoch nicht zu vergehen. Nach einer Stunde glaubte ich, schon seit einer Ewigkeit das Tal verlassen zu haben, nach 1,5 Stunden hing ich noch immer am Berg und nach 2 Stunden war noch immer kein Haus, kein Paß in Sicht. Ich traf keinen Menschen, und es überholte mich kein Fahrzeug, dessen Fahrer ich nach der Entfernung zur nächsten Siedlung hätte fragen können. Als gelungene Überraschung empfand ich es deshalb, als aus dem Nichts ein paar Häuser auftauchten und sogar eine asphaltierte Straße vor mir lag. Ich hielt vor dem Polizeiposten zur Straßenkontrolle an. Als ich abstieg und mein Rad an die Hauswand lehnte, erschrak ich. Es gelang mir vor Schwäche nicht, auf meinen Füßen stehen zu bleiben. Ich mußte mich auf die Treppe setzen und meine Füße massieren.

Ein Junge, der mich hatte ankommen sehen, setzte sich neben mich, grinste und begann an meinen Beinhaaren zu zupfen. Das fand er lustig, da Lateinamerikaner am Körper kaum behaart sind. Inzwischen hatten sich die Polizisten aus der Hütte bemüht und konnten, als sie mich total erschöpft dasitzen sahen, das Grinsen nicht unterdrücken. Und da alle grinsten, grinste auch ich. Ich glaubte, erfahren zu haben, was die Anden bedeuten.

In freundlichem Ton erklärte man mir, daß mir jetzt nur noch eine lange Abfahrt bevorstehe. »Pura bajada«, ausschließlich Abfahrt, bis nach Cochabamba, einer Stadt, die noch über 100 Kilometer entfernt war, wiederholten sie mehrmals und schienen sich für mich zu freuen. Sie rieten mir, im wenige Kilometer entfernten Dorf zu schlafen, dort sollte ich ihrer Meinung nach schnell sein. Viel Spaß bei der Abfahrt, riefen sie mir noch nach und wollten nicht einmal mehr meinen Paß sehen.

PURA BAJADA, AUSSCHLIESSLICH ABFAHRT

Der Sonnenuntergang stand kurz bevor, und die Temperaturen gingen rapide zurück. Ich zog wieder Socken unter meine Handschuhe und die Turnhose über den Kopf.

Die Straße war durch eine Felsenlandschaft gesprengt worden. Mal befand ich mich zwischen viele Meter hohen Felswänden, von deren Schatten ich mich fast bedroht fühlte. Dann schoß ich wieder aus der Düsternis hervor und genoß die letzten Strahlen der Abendsonne. Glutrot erleuchtete sie den Felsenwald um mich herum.

Mit beachtlicher Geschwindigkeit fegte ich über die schwarze Teerstraße und genoß die Ruhe auf meinem Sattel. Es war ein Gefühl der absoluten Entspannung. Die Landschaft erinnerte an Bilder, die ich vom Grand Canon der Vereinigten Staaten kannte, und ähnliche Bilder durfte ich vom Sattel meines Stahlrosses aus erleben.

Meine Beine waren schon eingeschlafen. Sie hingen nur noch zwecklos vom Körper herunter und warteten, bis ich sie endgültig von den Pedalen losschnürte. Auch meine Arme waren nur noch in der Lage, den Lenker so zu halten, daß ich nicht von der Straße abkam. Ansonsten war es so, als säße ich vor einer großen Leinwand, auf der ein Film abläuft. Nur die frische Luft gab mir das Gefühl der Wirklichkeit.

Ich war zwar noch nicht eingeschlafen, trotzdem war es, als hätte mich etwas aus dem tiefsten Schlaf geholt, als es mit dem Dahinrollen plötzlich zu Ende war. Es war wie ein Alptraum, als es wieder bergauf ging. Mit

Schwung rollte ich noch ein wenig aufwärts, hätte dann jedoch wieder in die Pedale treten müssen. So sehr ich dies auch wollte, es war unmöglich. Meine Beine waren dazu nicht mehr bereit, sondern konnten mich nur noch vor dem Umkippen bewahren.

In meinem Tagebuch fand ich folgende Eintragung: »So etwas habe ich noch nie erlebt, es war, als wäre ich physisch absolut am Ende gewesen. Ich stieg ab und setzte mich verzweifelt an den Straßenrand. Dort saß ich dann und wartete, wartete darauf, daß etwas passierte. Das einzige, was passierte, war, daß ich nach einer kurzen Pause die Sinnlosigkeit des Herumsitzens erkannte, meine Beine massierte, aufstand, mich mit beiden Ellenbogen auf mein Rad stützte und zu schieben begann. Wie Steine hingen meine Beine herunter, wie ein Kartoffelsack hing ich an meinem Rad. Als ich nicht einmal mehr die Kraft hatte, meinen Körper auf das Rad zu stützen, versuchte ich wieder zu fahren. Indem ich jede Pedalenumdrehung zählte, vergewisserte ich mich, daß ich überhaupt noch vorankam. Im Zickzack kam ich langsam den Berg hinauf, und immer wenn ich das Rad nicht mehr halten konnte, gelang es mir gerade noch anzuhalten, um mich irgendwo hinzusetzen und zu entspannen. Kaum spürte ich wieder einen Funken von Energie, begann ich wieder zu schieben und schließlich wieder zu fahren, um mich bald wieder zu setzen. Die einen Muskeln ruhten, während die anderen arbeiteten und so manchmal gönnte ich allen Muskeln Ruhe. Ich arbeitete wie eine Maschine, die nur ein Programm hatte, nur ein Ziel kannte: Ankommen!

»Pura bajada«, hatte der Polizist zu den 10 Kilometern gemeint, die ich mich wieder auf einen Paß hinauf bewegte. Ich erreichte zwar den Paß und fand oben auch das Dorf vor, von dem man mir erzählt hatte, wußte jedoch nicht, wie mir geschah. Ich war fix und fertig, setzte mich und nahm erstmal den ganzen Sauerstoff aus dem nächstliegenden Umkreis zu mir. Den Höhenmetern nach befand ich mich auf dem Gipfel des Montblanc, dem höchsten Berg Europas und das mitten in der Nacht. Ja, es war schon lange dunkel geworden, so daß ich die Bergwelt nur noch bei Mondlicht bewundern konnte. In den kleinen Hütten brannten schon die Öllampen und ich wußte nicht so recht, wo ich die Nacht verbringen sollte. Bevor ich mir darüber größere Sorgen machte, war das Problem schon gelöst.

Aus einer der Hütten, in nächster Nähe, kam ein Mann mit einer Öllampe auf mich zu. Was ich denn mitten in der Nacht und ganz alleine hier machen würde, wollte er wissen. Es sei doch kalt und ungemütlich und würde bald noch kälter werden; und schon war ich in seine warme Stube eingeladen. Als ich eintrat, war es mir sehr peinlich, daß ich beim Essen störte. Mein Gastgeber war jedoch sehr stolz, mich seiner Familie vorstel-

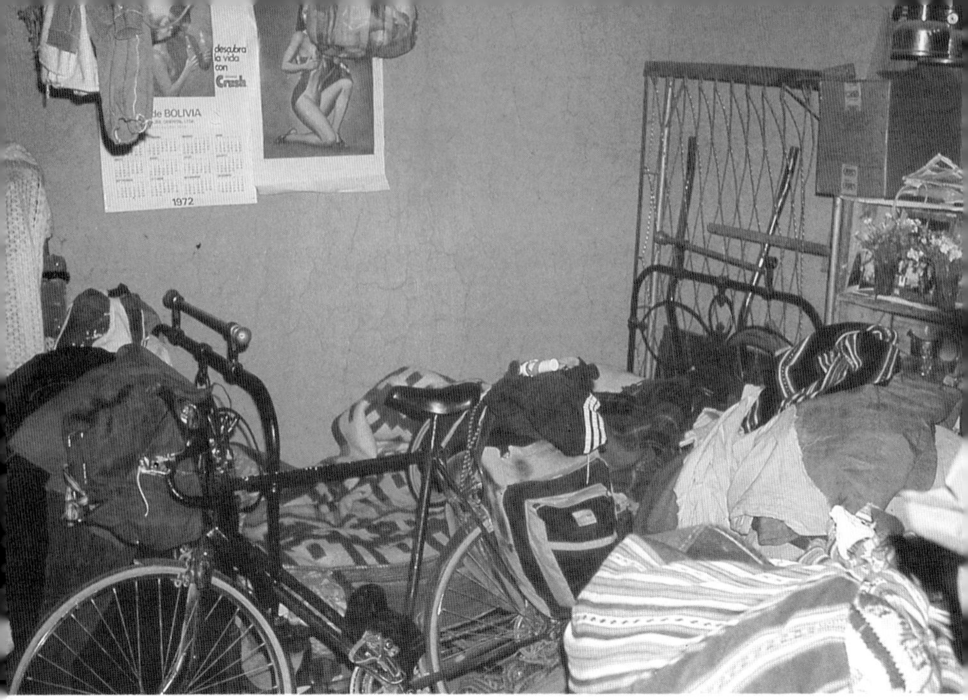

Das Nachtquartier nach stundenlanger Auffahrt

len zu können und reichte mir auch sofort einen Teller mit Suppe. So sehr ich mich dagegen wehrte, den armen Leuten auch noch etwas wegzuessen, so sehr hätte ich sie sicherlich enttäuscht, wenn ich nach mehreren Aufforderungen nicht doch zugegriffen hätte. Und noch größer war ihre Freude, als ich ihnen ernsthaft bewies, daß es mir schmeckte. Da ich den ganzen Tag kaum etwas gegessen hatte und auch die Tage davor mit Essen nicht verwöhnt worden war, genoß ich diese heiße Suppe in dieser herzlichen Umgebung mehr, als ich ein europäisches Menu in einem sterilen lateinamerikanischen Luxushotel genossen hätte. Als dann alle ins Bett gingen, schlüpfte der jüngste Sohn ins Bett seiner zwei Schwestern und überließ mir sein Bett. Ich bekam noch drei Ponchos und schlief zufrieden ein.

Auch an diesem Abend war wieder alles gut gegangen. Im letzten Moment hatte ich doch noch ein sicheres Schlafquartier gefunden.

Es war erstaunlich, daß ich immer ein sicheres Plätzchen fand, obwohl ich mir meist erst bei Sonnenuntergang Gedanken darüber machte, wo ich die Nacht verbringen sollte. Erschöpft und verbraucht lag ich dann die Nächte in einem kleinen Hotelzimmer, durfte in Restaurants unter den Tischen schlafen oder bekam ein Bett bei einem Bauern, einem Ladenbesitzer oder einem Handwerker. Mit meiner verschwitzten Kleidung kroch ich

Die Traumstraße der Welt, die »Panamerikana«

Der »Titicacasee« auf dem 3800 Meter hoch gelegenen Hochplateau

Wenn Bolivianer einen Grund zum Feiern haben, dann steht kein Bein still

Der Wasserfall »salto de Laja« im Naturparadies Südchile

Bei Bariloche, dem Tor zum trockenen Patagonien

Feuerland…

Im Wetterloch »Torres del paine« Nationalpark

Der gewaltige Perito Moreno Gletscher in Südargentinien

in meinen Schlafsack, bedeckte mich mit mehreren geliehenen Ponchos und war durch nichts mehr vom Schlaf abzuhalten. Die Nacht über träumte ich zufrieden von zu Hause, von meinen Eltern, von Freunden oder von einer warmen Dusche. Am nächsten Morgen weckten mich die ersten Sonnenstrahlen und riefen mich in die Realität zurück. Ich war dann meistens wie neugeboren, fühlte mich wieder frisch, munter und bereit dazu, eine nächste Etappe in Angriff zu nehmen.

Auch als ich bei diesen freundlichen Leuten erwachte, waren alle Muskelschmerzen vergangen und vergessen. Ein neuer Tag brach an, und es gab Neues zu erleben, Neues zu entdecken. Dieser Morgen begann damit, daß der Familienvater auf mich zukam, sich demonstrativ in den Haaren kratzte und mich fragte, ob es mich denn nicht überall jucken würde, das Bett sei doch voll mit Flöhen. »Ach so«, antwortete ich lächelnd, verabschiedete mich, verschenkte noch eine Postkarte von Luxemburg und brach auf.

HINUNTER ZUM NÄCHSTEN ERLEBNIS

In den nächsten Tagen konnte ich mich auf der lang ersehnten Abfahrt entspannen. Einen 1000 Meter hohen Paß hinter Cochabamba überwand ich ohne Probleme. Die Straße war asphaltiert, so daß es geradezu eine Freude war, den Paß hinaufzuradeln. Erst als ich die Hauptstraße verließ, um mich auf einer unbefahrenen Sandstraße in Richtung Süden zu bewegen, wurde meine große Freude wieder gedämpft.

Mein nächstes Ziel war Potosi, das auf 4100 Metern liegt und mit 80000 Einwohnern die höchstgelegene Stadt dieser Größe ist. Daß dazwischen jedoch noch so mancher Paß lag, war kein großes Geheimnis. Die Abfahrt vom Altiplano hatte mich über die Hauptstraße schon sehr tief hinunter geführt. Als ich jedoch auf der Sandstraße noch immer unentwegt nach unten radelte, war ich doch sehr beunruhigt. Die Vorstellung, all die Höhenmeter auch wieder nach oben radeln zu müssen, nahm mir so manches Mal die Freude an den Abfahrten.

Von Stunde zu Stunde wurde es wärmer und schwüler. Die Vegetation wechselte vom Subtropischen fast ins Tropische. Besonders beunruhigte mich ein Schild in einem Dorf, das auf Malaria hinwies. Vor wenigen Tagen litt ich noch unter der Höhenkrankheit »Soroche« und jetzt riskierte ich, die Tropenkrankheit Malaria zu bekommen. Vor wenigen Tagen wärmte ich mich abends noch mit heißem Tee, und jetzt erfrischte ich mich mit frischen Orangen und Ananas. In den Bergen fand ich meistens noch etwas Anständiges zu essen, im »Dschungel« gab es oftmals kaum Brot. Je tiefer ich kam, um so größer schien die Armut zu werden und weder das eine, noch das andere hatte nach unten hin seine Grenzen. Immer dichter wurde die Vegetation um mich herum und immer mangelhafter die Lebensmittelversorgung. In der grünen Dschungelwelt standen einige armselige Hütten, in denen außer ein bißchen Obst nichts mehr zu bekommen war. Als ich um Wasser bat, brachte man mir eine ungenießbare braune Brühe, und als ich Brot wollte, bat man mich, bis zur nächsten Woche zu warten.

Wieder hatte ich mir einen Ort ausgesucht, den ich vor Anbruch der Dunkelheit erreichen wollte. Wieder kam jedoch alles ganz anders.

Als es zu dämmern begann, rollte ich noch immer bergab. Es war schon fast dunkel, das Ende der Abfahrt und mein Ziel jedoch noch nicht in Sicht. Glücklicherweise kam ich an einem kleinen Hof vorbei, in dem ich nach der Ortschaft, die auf meiner Karte eingezeichnet war, fragte. »Mui lecho«, noch sehr weit sollte es sein, erhielt ich zur Antwort. Man bot mir jedoch an, auf der Terrasse zu schlafen. Dieses großzügige Angebot nahm ich sofort an und schob mein Rad in den Hof. Als ich meine Schaumgummimatratze ausbreitete, brachte mir die Mutter des Hauses eine Kerze. Diese stellte ich auf einen wackeligen Tisch, und nachdem ich mein »Bett« gemacht hatte, begann ich mein Tagebuch nachzutragen. Schon am Vorabend mußte ich mich mit Kerzenlicht zufriedengeben, war jedoch über den Seiten eingeschlafen, und an diesem Abend kam ich auch nicht sehr weit. Ich hatte noch keine Seite geschrieben, als ein Mädchen auf mich zukam und mich um Hilfe bat. Als wollte sie mich erschrecken, zeigte sie mir ihren rechten Fuß, der mit Brandwunden bedeckt war. Einige davon waren aufgeplatzt, und das offen liegende Fleisch stach einem beim Anblick der dreckigen Füße erschreckend ins Auge. Mit Jod aus meinem Verbandskasten reinigte ich die Wunde und klebte einige Pflaster darauf. Dabei versuchte ich dem leidenden Mädchen zu erklären, daß das Brennen eine natürliche Begleiterscheinung sei. Ich hatte Glück, daß man dem im Touristenzentrum verhaßten Gringo draußen auf dem Land jegliches Vertrauen schenkte. Als ich fertig war und sich das Mädchen einigermaßen erholt hatte, bedankte sie sich und fragte mich, ob ich auch einer älteren Frau helfen könne. Auch sie mußte sich am Vorabend am offenen Feuer die Füße verbrannt haben. Kaum hatte ich »claro« gesagt, rannte das Mädchen los und kam mit einer sehr alten Frau zurück, die sich auf sie stützte. Ihr Blick war so verschieden von dem der Bettler in den Touristenzentren, die ihn aufsetzten, um damit bei Touristen Almosen zu erbetteln. Als ich ihren Fuß sah, dauerte es eine Weile, bis ich mich zum Handeln überwinden konnte. Nur mit einem Auge konnte ich ihn anschauen, während ich mit den Händen Toilettenpapier von meiner Rolle wickelte, um beim Berühren der Wunde jeglichen Hautkontakt zu vermeiden. Eine faustdicke Blase bedeckte fast den ganzen oberen Teil des Fußes. Rundherum hatten sich mehrere kleine Blasen gebildet, von denen schon mehrere aufgestochen worden waren. Auf die offenen Wunden mußte man Niveacreme aufgetragen haben, was zu Entzündungen geführt hatte. Wieder versuchte ich, mit Jod die Wunde vorsichtig zu reinigen. Den Schmerz dabei schien die alte Frau gar nicht mehr zu empfinden. Was mußte sie mit dieser Wunde schon durchgemacht haben. Behutsam wickelte ich ihren Fuß mit einem blütenweißen Verband ein. Als sie beim Anblick auf das Weiße auf ihren dreckigen Füßen lachen mußte, konnte auch ich mich wieder freuen. Es mußte ihr offensichtlich besser gehen. Das Mädchen begleitete sie noch nach Hause, und als sie zurückkam, brachte sie zum Dank eine kleine Schale mit Mais und einem Ei mit.

IMMER WIEDER ÜBERRASCHUNGEN

Als »mui lecho« hatte das Mädchen das nächste Dorf bezeichnet. Tatsächlich war es nicht mal ein Kilometer bis nach Puente Arce, dem Ende der Abfahrt. Die Bezeichnung »Dorf« war übertrieben. Ein Hotel, ein Restaurant und drei Wohnhäuser waren der Grund für einen Punkt auf der Landkarte. Bis nach Sucre, der eigentlichen Hauptstadt Boliviens, hatte ich 90 Kilometer Auffahrt vor mir. Ich hatte mir vorgenommen, am Abend dort anzukommen. Daß dies nicht selbstverständlich war, erfuhr ich sofort nach dem Frühstück. Schon nach dem ersten Kilometer flog ich wieder mal mit dem Kopf voraus über mein Rad, landete jedoch weich auf dem staubigen Straßenbelag. 10 Zentimeter Straßenstaub von der feinsten Sorte hatten meinen Vorderreifen blockiert und ließen mich die Kontrolle über mein Rad verlieren. Die Kontrolle über mich verlor ich fast, als ich, noch immer in eine Staubwolke gehüllt, auf der Straße saß und eine größere Gruppe von Papageien dicht über meinem Kopf hinwegflog. Anstatt zu zwitschern oder zu pfeifen, wie ein anständiger Vogel, hörte sich ihre Sprache nach einem Altweibergelächter an. Es klang so, als machten sie sich voller Schadenfreude über meine Lage lustig.

Langsam gewann ich wieder an Höhe. Ich verließ das Flußbecken, an dessen Ufer ich mein Rad teils schiebend, teils radelnd vorwärts bewegt hatte und setzte zu den ersten Serpentinen der langen Auffahrt an. Wieder überwand ich eine Kurve nach der anderen. Von Stunde zu Stunde gewann ich an Höhe, verlor ich an Kräften. Die tropische Vegetation verschwand, und wieder bedeckten kleine Büsche die trockene Landschaft. Papageien hörte ich auch keine mehr, sah dafür so manches Lama. Zwölf Stunden lang erlebte ich auf dieser 90 Kilometer langen Strecke den Übergang von den Tropen zu den Bergen. Am Abend fuhr ich noch in einen Dorn und war zu träge, um meinen fünften Platten an diesem Tag zu reparieren. Deshalb schob ich die letzten Kilometer nach Sucre, wo ich mir zwei Ruhetage gönnte.

Als ich diese prächtige Stadt verließ, ging es sofort nach der Stadtgrenze wieder bergab, wieder hinunter in eines dieser Andentäler. Stundenlang holperte ich nach unten, erreichte einen Fluß und mußte wieder 2000 Höhenmeter nach Potosi hinauf überwinden.

In Sucre hatte ich Touristen getroffen, die es gar nicht verstehen konnten, warum ich auf diesen Strecken mit dem Fahrrad unterwegs war. Sie flogen für lächerliche Geldbeträge von einer Stadt zur anderen und »genossen« ihre Reise. Zwar versuchte ich, meine Empfindungen beim Radeln zu beschreiben, zweifelte jedoch sehr daran, ob man es verstand. Man mußte es selber erleben, um es verstehen zu können. Sicherlich war es eintönig, bergauf und bergab zu radeln, und trotzdem passierte immer etwas. Die aufkommende Monotonie wurde oftmals schon an der nächsten Kurve unterbrochen. Eines von vielen Beispielen dafür war die Auffahrt nach Potosi.

Auf halber Strecke überholte mich einer der auf dieser Strecke seltenen Lkw. Langsam schob sich der vollbepackte Laster an mir vorbei und hielt vor mir. Während die Passagiere mich anschauten und so mancher das Lachen nicht unterdrücken konnte, kamen die zwei Fahrer aus der Kabine und wollten mir beim Aufsteigen helfen. Für sie war es selbstverständlich, daß ich mit ihnen nach Potosi mitfahre.

Als ich mich dagegen wehrte, wollten sie dies überhaupt nicht verstehen. Wenn ich kein Geld habe, meinte der eine, würde dies nichts ausmachen, ich könne auch umsonst mitfahren. Es war für sie unbegreiflich, warum ich noch immer nicht mitwollte. Sie wollten das vertauschte Rollenspiel nicht verstehen. Selbst der arme Bauer konnte es sich leisten, mit dem relativ billigen Lkw in die Stadt zu fahren und der reiche Gringo, für den sie mich hielten, mußte radeln. Lachend stiegen die Fahrer wieder ein, wünschten mir noch viel Glück und verschwanden hinter der nächsten Kurve.

Ich war wieder allein, aß noch die Orange, die mir einer der Passagiere geschenkt hatte und fuhr weiter. Wieder erwartete ich nach jeder Kurve den Paß, das Ende der Auffahrt. Hinter jeder Kurve fiel der Blick jedoch auf die nächste Kurve, auf die nächste Steigung. Ich schob ein wenig, ruhte dann kurz, radelte wieder und begann aufs neue zu schieben. Bis ich plötzlich hinter einer Kurve erneut etwas zu lachen hatte. Zu meiner Freude traf ich auf den Lkw, der mich Stunden vorher überholt hatte. Als mich die Passagiere von weitem ankommen sahen, winkten sie und riefen mir erfreut zu: »El Gringo, el Gringo«. Erschöpft hielt ich an und begrüßte alle. Der Fahrer saß auf dem Motor und der Beifahrer lag darunter. Sie reichten mir ihre schmierigen Hände zum Gruß und klopften mir herzlich auf die Schulter. »El ciclista«, meinten sie neidisch und schauten auf ihren kaputten Laster. »Von der Technik unabhängiger Radfahrer«, dachte ich mir und hatte plötzlich alle Energie, um zum nächsten Dorf zu radeln. Am nächsten Tag erreichte ich die berühmte Minenstadt Potosi. Ich suchte mir ein Hotel und wusch mich nach langer Zeit wieder mal. Meine staubigen Sachen ließ ich im Hotel und begab mich auf einen Rundgang durch die engen Gassen der Stadt. Fast an jeder Ecke saßen Bettler oder kamen Leute auf mich zu und baten mich um Geld. Für sie war ich der reiche Gringo, der durch ihr Land »jettete« und die Dollars großzügig verteilen konnte. Es war die gleiche Art von Leuten, wie die, der ich auf dem Land begegnet war. Dort war jedoch niemand auf die Idee gekommen, von einem Fahrradfahrer Geld zu erbetteln, nein, ganz im Gegenteil, man hatte manchmal sogar Freude daran, mir etwas zum Essen oder zum Trinken zu geben.

Außer daß ich in Potosi die Minen besuchte, verbrachte ich die meiste Zeit mit anderen Touristen. Da in Bolivien gestreikt wurde, hingen viele Leute in Potosi fest. Die Wartezeit auf eine Mitfahrgelegenheit verbrachten sie mit Essen und Kinobesuchen. Ich lernte sofort die billigsten und besten Restaurants kennen und erfuhr, in welchem Kino welcher Film lief. Als Gegenleistung konnte ich endlich meine Erlebnisse mitteilen und vom Leben zwischen den Städten erzählen

Stolz auf meine Unabhängigkeit machte mir auch die nächste Paßfahrt nichts mehr aus. Ohne Murren reparierte ich meinen 40. Platten und wechselte die 10. gebrochene Speiche.

Es war mittlerweile der 10. November geworden und in Bolivien begann die Regenzeit. Gewaltige, schwarze Wolken bedeckten den sonst so blauen Himmel. In den Nächten regnete es bereits, und auch tagsüber überraschte mich mehrmals ein Gewitter.

DER LETZTE PASS

Noch einen Paß mußte ich überqueren, um das dahintergelegene Argentinien mit einem anderen Klima, anderen Menschen, einer anderen Natur, zu erreichen.

Um 16.00 Uhr stand ich davor und wußte, daß mir genau drei Stunden Tageslicht blieben. Bis nach Tarija, der letzten größeren Stadt in Bolivien, waren es 53 Kilometer. Um sicher zu sein, daß ich es nach Tarija noch schaffen würde, bat ich in einem Restaurant um Rat. Das sei kein Problem, verkündete man lachend. Eine halbe Stunde bergauf und dann »pura bajada«, bis nach Tarija, sogar bis nach Argentinien. Ohne mir Gedanken zu machen, fuhr ich los. Als ich die erste Kurve nahm, sah ich den Paß schon vor mir. Dann ging es 100 Meter geradeaus und ich kam zur nächsten Kurve, dann zur dritten, zur vierten, zur fünften. Mal fuhr ich von rechts an den Paß ran, mal von links. Nach einer halben Stunde hatte ich nicht einmal die Hälfte der Strecke überwunden, hatte jedoch schon fast alle Energie verbraucht. Es half jedoch nichts, die Kurven nahmen kein Ende, sondern wurden immer steiler und folgten in kürzeren Abständen.

Über eine Stunde brauchte ich, bis ich endlich oben und dort zum ersten Mal bis zur Wolkendecke vorgestoßen war. Ich war stolz, noch einmal den Ausblick von einem 4000 Meter hohen Paß genießen zu können. 2000 Meter weiter unten sah ich Tarija und 3500 Meter tiefer konnte ich Argentinien, das Land der Gauchos, erahnen.

Als ich Tarija erkannte, war ich davon überzeugt, mein Ziel noch vor Dunkelheit zu erreichen. Nachdem ich jedoch ein paar hundert Meter gerollt war, begann ich an allem zu zweifeln. Es war nicht zu fassen. Die Straße war aus dem Fels geschlagen worden, und entsprechend sah der Straßenbelag aus. Der geringe Verkehr hatte es seit Existenz der Straße nicht geschafft, die Steine glatt zu reiben, so daß der Straßenbelag einem tausendfach vergrößerten Schmirgelpapier glich. Ich hielt an, um zu überlegen, wie ich die Abfahrt überstehen sollte. Dabei wagte ich nochmals einen Blick hinaus in die Ferne. Wieder war es die Natur um mich herum, die mich sofort auf andere Gedanken kommen ließ. Ich befand mich in einer Felslandschaft, die aufs neue ganz anders war als alle anderen. Es war eine endlose Hügellandschaft, die mit tiefen Schluchten durchkämmt war, und genau an einer dieser Schluchten entlang bewegte ich mich. Zu meiner Rechten massiver Fels und zu meiner Linken ein gähnender Abgrund. Von der Breite her war es ein Radweg, dessen Zaun an jeder Kurve alles andere als nobel war. Es war nicht etwa eine resistente Leitplanke, die einen vor dem Absturz bewahren sollte, sondern nur Kreuze, die mit Inschriften versehen waren: »Hier verunglückte unser 22jähriger Sohn mit seinem Vater am 3. Mai 1981. In Gedanken bei ihnen seine Mutter, Frau und sieben Kinder«, »Hier verunglückte die Familie Sanchez. In Gedanken bei ihnen ihre Freunde und Verwandten.« Begab man sich an den Felsrand, erkannte man weit unten Lastwagen und Autowracks. Leider war dieser »psychologische Zaun« nur für die wenigsten ein Aufruf, vorsichtiger zu fahren, denn mancherorts häuften sich im Abgrund geradezu die Autowracks. Erst jetzt verstand ich die oft gehörte Behauptung: »In Bolivien ist ein Menschenleben nicht viel wert.«

Mit Sturzhelm und immer absprungbereit holperte ich langsam an diesem einzigartigen Friedhof vorbei. Als ich das Geräusch eines Lkw hörte, hielt ich bei einem Felsvorsprung sofort an und suchte dahinter Schutz. Dann kam er auch schon angedonnert. Als habe er keine Bremsen, brauste er an mir vorbei. Mit dem rechten Kotflügel streifte er fast den Felsen, während der linke über den Felsen hinaushing. Der ganze Aufbau wakkelte hin und her, als würde er sich jeden Moment selbständig machen. Auf der Ladefläche schrien Kinder, kreischten Frauen, und einige Männer versuchten, sich mit aller Kraft irgendwo festzuhalten.

Auf diesem Lkw mitzufahren war ohne Zweifel ein Spiel mit dem Leben. Da ich an meinem Leben hing, zwang ich mich, mir Zeit zu lassen und langsam zu fahren. Zwar war ich Tarija schon beachtlich nahe gekommen, ob ich es vor Finsternis noch erreichen würde, war jedoch sehr fraglich.

Zum einen wegen der Schluchten, zum anderen wegen der katastrophalen Straße war es nicht möglich, locker den Berg hinabzurollen. Ich wurde müde und konnte mich kaum mehr auf die Straße konzentrieren. Als ich kurz den Blick von der Straße zum Himmel richtete, erkannte ich Gewitterwolken, die sich vor mir zusammenbrauten. Im selben Moment prallte ich auch schon auf einen größeren Stein und hatte wieder einen Platten. In Windeseile riß ich den Schlauch aus dem Mantel, sah das große, irreparable Loch, nahm das Rad heraus, baute einen neuen Schlauch ein, schraubte das Rad wieder in die Gabel, pumpte auf und fuhr sofort weiter. So schnell hatte ich mein Rad noch nie repariert.

Da ich nervöser wurde, saßen meine Finger immer lockerer auf der Bremse. Jetzt bremste auch ich genauso wenig wie der Lkw, dem ich begegnet war und rollte mindestens ebenso leichtsinnig über die Straße. Plötzlich hupte hinter mir ein Auto. Unüberlegt fuhr ich auf die Seite, an der direkt neben mir der Abgrund lag und wollte den Wagen vorbeilassen. Ich mied den Blick in die Tiefe und erwartete jeden Augenblick die Kühlerhaube des Wagens rechts neben mir. Dann tauchte sie auf. Nur wenige

Zentimeter neben meinem Lenker passierte mich der vordere Teil des amerikanischen »Schlittens«. »Gleich habe ich die Straße wieder für mich«, dachte ich mir, als eine junge Frau auf dem Beifahrersitz des Autos mir freundlich zulächelte. Wo ich denn her sei, wollte sie wissen. Ich verlor fast die Nerven und bat sie schreiend, mich in Ruhe zu lassen. Was denn los sei, fragte sie mich. »Va lluvar«, rief ich ihr zu, es wird regnen. »No«, meinte sie und reichte mir einen schönen roten Apfel durchs Fenster. Lächelnd bedankte ich mich und sah das Auto in einer Staubwolke verschwinden.

Mittlerweile war es fast dunkel geworden, und ich ließ meinem Rad freien Lauf. Ich bekam noch einen Platten und setzte sofort wieder einen meiner fünf Ersatzschläuche ein. Da ich die letzten Meter, bis zu einer Polizeiwache kurz vor Tarija, mit einem platten Reifen fuhr, brachen auch noch drei Speichen. Dem Gewitter und der Dunkelheit war ich jedoch entkommen. Die Polizei stellte mir ein kleines dunkles Zimmer zur Verfügung, in dem ich es mir auf dem Steinboden »bequem« machen durfte. Den ganzen Tag über war ich durchgerüttelt worden, so daß für mich nur noch eines zählte, ein Plätzchen zu haben, auf dem ich ruhig liegen konnte. Wie hart oder wie weich es war, spielte keine Rolle mehr, die Ruhe allein ließ mich eine entspannende Nacht verbringen.

STÄDTE, MENSCHEN, STRASSEN …

Tarija war am nächsten Morgen schnell erreicht. Als ich jedoch auf das für bolivianische Städte typische Kopfsteinpflaster traf, mußte ich absteigen und schieben.

Ob ich mein Rad ins Zentrum der offiziellen Hauptstadt Boliviens, Sucre, in die Silberminenstadt Potosi oder ins Zentrum von Cochabamba schob, das Stadtbild war immer das gleiche, es war immer gleich phantastisch.

Geruhsam lief ich durch die engen Gassen, die beidseitig durch schöne, alte Kolonialbauten eingerahmt waren. Wenn ein Auto kam, mußte ich mich an die Wand drücken und ihm Platz gewähren. Oft bröckelte dann von den über vierhundert Jahre alten Häusern wieder ein wenig Putz herunter und verschwand zwischen den Ritzen des Kopfsteinpflasters. Aus den kleinen Holztüren kamen die uniformierten Schulkinder heraus und liefen an mir vorbei. Die Jungen in schwarzen Anzügen, die Mädchen mit

STÄDTE, ...
Blick vom Cerro Rico (4800) auf Potosi (4100), das mit 82000 Einwohnern, die höchstgelegene Stadt dieser Größe ist. »Wo in Europa ständig Eis und Kälte regieren, scheint in den Anden das Leben erst richtig zu beginnen.«

MENSCHEN, ...
Walter in Bolivien. Er war zu Fuß von Kanada nach Feuerland unterwegs.

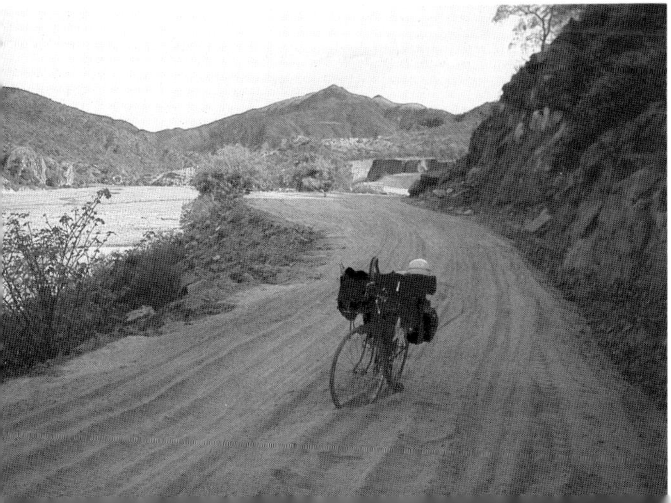

STRASSEN, ...
Die fantastischsten Gegenden waren meistens nur über die schlechtesten Straßen zu erreichen.

blauen Röcken. An jeder Ecke saß eine alte Indiofrau mit ihrem weiten Rock und, je nach Provinz, einem anderen Hut. Aus einem verrußten Kessel goß sie den Schulkindern Tee oder Kaffee in einen Plastikbecher, und da auch ich noch nicht gefrühstückt hatte, kaufte ich mir eine Portion Reis. Mit einem enormen, glänzenden Löffel legte mir eine der Frauen meine Portion auf ein Bananenblatt und verstaute mein Geld in ihrer großen Rocktasche.

So langsam schien die Stadt zu erwachen. Über mir, auf den Holzbalkonen, wurden die Fensterläden aufgerissen. Aus den Hinterhöfen kamen fein säuberlich angezogene Geschäftsleute auf die Straße. Die Geschäfte wurden geöffnet und der Verkehr wurde dichter.

Ich arbeitete mich durch das Gedränge und erreichte die »plaza«, das Zentrum. Es war ein kleiner Platz mit riesigen Bäumen und säuberlich angelegten Blumenbeeten. Rund um die »plaza« konnte man auch hier die weißen Häuser aus der Kolonialzeit bewundern. Sie waren von Arkaden, unter denen man gemütlich flanieren konnte, überdacht.

Von Tarija hatte ich gehört, daß die Einwohner sehr individualistisch seien. Nicht umsonst hatte es sich im Jahre 1807 zur kleinen Republik erklärt und war als solche von Spanien unabhängig geworden. Zwar fand ich auch in Tarija kaum Kontakt zu Städtern, so individualistisch wie der Globetrotter Walter hätten sie jedoch kaum sein können. Endlich begegnete ich ihm in einer kleinen Parkanlage mitten in der Stadt, nachdem ich unterwegs schon sehr viel Unglaubliches von ihm gehört hatte.

Wir waren sofort in ein Gespräch verwickelt. Walter ist von Beruf Stuntman und doubelt Schauspieler auf schnellen Autos und Motorrädern. In seinem Beruf bewegt er sich selten unter 180 km/h. Da er dieses Berufes überdrüssig geworden war, hatte er sich eine Rikscha gebaut und war damit von seiner Heimatstadt Vancouver losmarschiert. Mit einem Zelt, zwei Benzinkochern, einer Gitarre, Mundharmonika, Kleidung und sonstigem Zubehör war er seit neunzehn Monaten unterwegs nach Feuerland. Schon 20000 Kilometer weit hatte er seinen siebzig Kilogramm schweren Wagen geschoben. Bei fünf Kilometer pro Stunde legte er jeden Tag 30 Kilometer zurück. Sein Ziel, außer Feuerland, war es, ein Buch zu schreiben. Für mich war er weniger »loco«, also verrückt, wie ihn mir mehrere Leute beschrieben hatten, sondern vielmehr ermutigend für meine nächsten Etappen.

Nach einem Ruhetag verließ ich bei blauem Himmel und angenehmen Temperaturen Tarija. Die ersten Kilometer führten mich auf asphaltierter Straße durch langweiliges Farmland. Erst als ich wieder eine Steinstraße erreicht hatte, wurde die Natur interessanter und war somit die Langeweile zu Ende. Ich schob mein Rad auf einen Paß hinauf und rollte dahinter weit hinab in den Dschungel. Am Ufer eines reißenden Flusses war der Wald ein kleines Stück gerodet worden, damit man darauf eine steinige Verbindungsstraße nach Argentinien errichten konnte. Es war wieder mal ein Paradebeispiel für eine bolivianische Straße. Der Straßenzustand war katastrophal, die Landschaft absolut phantastisch.

Die Natur war dabei, sich das gestohlene Stückchen Land zurückzuholen. Der Fluß zur Rechten zerrte an der Straßenbefestigung, während aus dem undurchdringlichen Dickicht zur Linken Äste herauswuchsen und ein Dach über die Straße bildeten. Von den Ästen hing Efeu oft bis zur Straße hinunter und die Straße selber war stellenweise mit Gras und Moos überwachsen. Das grüne Paradies, nur wenige Kilometer von der kargen Bergwelt entfernt.

Die letzte Nacht in Bolivien verbrachte ich unter einem Tisch eines kleinen Dschungelrestaurants, um von dort am nächsten Morgen die Grenze zu erreichen.

WIE IM MIKROWELLENHERD

Die Hitze mußte dem bolivianischen Grenzbeamten auch noch den letzten Arbeitseifer geraubt haben. Desinteressiert nahm er meinen Paß, drückte seinen Stempel auf eine freie Stelle und ließ mich passieren.

Mit einem Boot brachte man mich über den Grenzfluß nach Argentinien und wies mir den Weg zum dortigen Grenzbeamten. In einem kleinen, muffigen Zimmer saß hinter einem großen Schreibtisch ein dicker, vollbärtiger Mann. Die Arme über seinem Bauch verschränkt schien er sich darüber zu freuen, wieder jemanden kontrollieren zu dürfen. Als ich meinen grünen Paß auf den Tisch legte, erhob er sich aus seinem Sessel, stützte sich auf die Tischplatte und begann, mit dem Kennerblick eines Grenzbeamten meinen Paß zu untersuchen.

»Aleman«, meinte er grinsend und blätterte auf die nächste Seite. Angestrengt starrte er auf die erste Zeile »He ... ttr ... ich, madre, che nombre«, welch ein Name, stöhnte er und fuhr sich mit einem Schweißtuch über die Stirn. Dann las er: »blau«, und grinste dabei. »Azul«, übersetzte ich und zeigte auf meine Augen. »Azul«, stammelte er zufrieden und begann krampfhaft nach etwas zu suchen. »El numero?«, fragte er mich verwundert und grinste erst wieder, als ich mich über den Tisch lehnte und ihn auf die dickgedruckte Paßnummer auf jeder einzelnen Seite aufmerksam machte. Daß dabei der Schweiß auf seinen Schreibtisch tropfte, störte ihn nicht. Er holte ein dickes Buch aus seiner Schublade und legte es über die Schweißtropfen. Mit Feinschrift und jeden einzelnen Buchstaben kontrollierend, trug er meine Daten ein. Schließlich bat er mich, mein Gepäck zu holen. Als ich ihm gestand, daß dies nur schlecht möglich sei, wurde er mißtrauisch und ging mit mir nach draußen. Beim Anblick meines ordentlich bepackten Rades brach er in ein Gelächter aus und begann auch schon, alles zu untersuchen. Entweder es war seine Langeweile oder seine Vorstellung, in mir einen Drogenhändler gefunden zu haben, die ihn dazu bewegte, mich alles auspacken zu lassen. Mir ständig mit einem Handtuch über die Stirn fahrend, zog ich ein Stück nach dem anderen heraus, und jedesmal wenn er auf etwas zeigte, mußte ich ihm die spanische Übersetzung dafür geben: »Guias, mapas, medicamentos contro malaria, pasta para los dentes...« Er schien an diesem Spiel Freude gefunden zu haben, und ich konnte von Glück reden, daß ich nur wenig Gepäck dabei hatte. Während ich wieder alles wegpackte, hatte er sich bereits etwas Neues ausgedacht. Er suchte an meinem Fahrrad herum und fragte mich verwundert nach einem Nummernschild. Also versuchte ich ihm zu erklären, daß bei mir zu Hause Räder keine Nummernschilder hätten, wenn er jedoch eine Nummer haben möchte, könne er ja die Nummer des Rahmens notieren. Damit war er zufrieden und verlangte noch meinen Führerschein. Wieder mußte ich ihm erklären, daß es so etwas bei uns für einen Radfahrer nicht gebe. Besonders unangenehm wurde es für mich, als er sich nach der Marke meines Rades erkundigte. Auf der zwei Jahre alten Quittung, die er auch sehen wollte, stand, daß es ein englisches Raleighrad war. Ich wußte jedoch, daß seit dem Falklandkrieg für die Argentinier alles, was im Zusammenhang mit England steht, »tabu« ist. Hätte ich ihm also die Herkunft meines Stahlrosses genannt, hätte er mich womöglicherweise abgewiesen. Also las ich ihm mit meinem bestmöglichen italienischen Akzent den Namen der Marke vor. Als ob er ein Rad der gleichen Marke in seiner Garage stehen hätte, meinte er stolz: »Bicicletta italiana, hmm, mui buena.« Zu meiner Zufriedenheit ließ er sich bei jeder Frage überzeugen. Anstrengend war nur, daß er zu allem eine Frage hatte.

Trotzdem verließ ich noch am selben Tag die Grenze und freute mich auf die lang ersehnte Asphaltstraße. Ich mußte noch über einen kleinen Steinweg schieben, stand dann jedoch auf der schwarzen Unterlage, die mich laut Karte weit nach Süden bringen sollte. Fast täglich hatte ich in Bolivien von diesem Augenblick geträumt, an dem ich fast bis nach Feuerland Asphalt unter den Rädern haben sollte. Nach wenigen Metern mußte ich jedoch erkennen, daß es eine andere Straße war, als jene meiner Träume. Die Sonne hatte aus ihr eine lange Teerpfütze gemacht und damit sie nicht nach links und rechts in den Wald abfloß, hatte man sie mit Rollsplitt bedeckt. Sofort klebte Teer an meinen Reifenprofilen, so daß unzählige kleine Steinchen daran kleben blieben und durch die Luft gewirbelt wurden. Mit großem Gerassel schlugen sie gegen das Innere der Schutzbleche, spritzten nach allen Seiten, flogen mir ins Gesicht, klebten an meiner Kleidung, und als mich auch noch ein Auto überholte und fast unter einem Steinhagel begrub, war meine Freude über die Asphaltstraße ganz dahin. Dazu kam die Hitze; von oben durch die Sonne, von unten durch den kochenden Teer. Im Gegensatz dazu war die Wüste Perus ein Kühlschrank gewesen. Ich saß auf meinem Rad wie in einem Mikrowellenherd, mit dem einzigen Unterschied, daß man in einem Mikrowellenherd nur brät und sich nicht auch noch gegen Wurfgeschosse wehren muß.

Plötzlich hörte ich wieder ein Auto, das sich mir von hinten näherte. Sofort schützte ich mit meinem linken Arm mein Gesicht vor dem bevorstehenden Steinhagel und radelte einhändig weiter. Da jedoch nichts geschah, wagte ich einen kurzen Blick durch meinen Arm hervor. Ich starrte in das verdutzte Gesicht des Beifahrers eines Range Rovers. Als er mein mit Teer verschmiertes Gesicht sah, lachte er und fragte mich, ob ich nicht aufsteigen wolle, es gäbe genug Platz für mich und mein Rad. Daß ich mit einem klaren Nein antwortete, schien ihn zu beeindrucken und er versprach mir, im nächsten Ort auf mich zu warten. Dann drückte der Fahrer aufs Gas, und der Wagen verschwand in einer Steinwolke. Auf den 50 Kilometern von der Grenze nach Oran, wo ich auf eine Übernachtung hoffte, wagte ich nicht anzuhalten. Ich kannte die Schweißausbrüche bei einem plötzlichen Halt, bedingt durch den Verlust des Fahrtwindes, der um so besser kühlte, je schneller ich fuhr. Somit erreichte ich den Ort, in dem ich verabredet war, zwar sehr schnell, war jedoch vom erstbesten Rastplatz nicht mehr zu bewegen. Eine Orangenverkäuferin hatte mich als erste entdeckt und kam auf mich zu. Sofort schälte sie eine Orange und schenkte sie mir. Unterdessen hatten sich auch schon mehrere Jugendliche um mich versammelt, die lachten, als ich gierig in die Orange biß, als sei es ein Apfel. Daß der ganze Saft über mein mit Schweiß und Teer verdrecktes Gesicht spritzte, war eher erfrischend als peinlich. Als ich wieder zur Ruhe kam, holte mich der freundliche Fahrer ab und nahm mich mit zu sich nach Hause. Nach der Dusche unterhielten wir uns beim Abendessen über das Klima. Fernando beruhigte mich damit, daß es ein besonders heißes Jahr sei. Weil es in Oran schon 45 Grad hatte und die Luftfeuchtigkeit bei 90% lag, riet er mir von der kürzeren Strecke durch den noch heißeren Süden ab und überzeugte mich davon, am nächsten Tag wieder in die Berge zu fahren. Alle Zweifel an der bevorstehenden Bergstrecke waren beseitigt, als ich in der Nacht die Hitze sogar neben einem Ventilator kaum ertragen konnte.

Anstatt der brennenden Sonne weckte mich am Morgen Regen. Überglücklich darüber entschloß ich mich, sofort loszufahren. Das Gepäck bedeckte ich mit einer großen Plastikplane, zog nur eine Badehose und Sandalen an und fuhr sorglos weiter. Von Minute zu Minute wurde der Regen jedoch heftiger und zwang mich bald zum Halten. In einer Holzhütte wartete ich das Ende des Unwetters ab beziehungsweise wartete, bis die Sonne wieder vom Himmel brannte. Erst der Regen, dann die Sonne; es war, als wollte mich die Natur nicht voranlassen. Noch bevor ich die Berge erreichte, gab ich mich geschlagen und suchte mir ein Hotel. Die billigste Unterkunft, die ich bekam, war viermal so teuer wie in Bolivien, aber nur ein Viertel so gut. Es war ein Zimmer, so stickig, als wäre man in einem Treibhaus. Ein Zimmer ohne Fenster, ohne ordentliche Tür. Als ich die Lampe einschaltete, schreckten mehrere Fliegen auf, und riesige Falter begannen um das Licht zu kreisen. Auf dem Boden und an den Wänden krabbelten Kakerlaken und andere Käfer ungestört durch das Zimmer. Also legte ich sofort ein Leintuch über das staubige Bett und drehte sofort das Licht aus, damit ich nicht noch mehr von dem Ungeziefer sehen sollte. Schon wenige Minuten nachdem ich mich hingelegt hatte, krabbelte etwas über meinen Rücken. Also zog ich es vor, mich trotz Hitze in das Leintuch einzuwickeln. Sofort klebte es an meinem Körper, was wegen des Schweißes nicht zu verhindern war. Trotz allem schlief ich einige Stunden und war moralisch auf die Berge vorbereitet.

Waren es auch dieselben Anden, die ich in Bolivien kennengelernt hatte, so waren die Pässe nicht mit denen in Bolivien vergleichbar. Es ging vielmehr leicht bergauf und bergab, durch trockene Wüstenlandschaft und grüne Regenwälder. Die Temperaturen waren meistens erträglich, und die Nächte durfte ich in den leeren Gefängniszellen auf den Polizeistationen verbringen. Das Ende dieser angenehmen Fahrt kam jedoch mit dem Ende der Straße. Auf meiner Landkarte hatte ich zwar einen durchgezogenen Strich nach Süden, es war mir jedoch unmöglich, ihn als Straße zu identifizieren. Die Asphaltstraße wurde von einem Weg mit einer dünnen Schicht Sandstaub abgelöst. Trotz großen Willens gelang es mir nicht zu fahren, so daß ich die zehn Kilometer zum nächsten Dorf schieben mußte. Dort erfuhr ich, daß ich noch 150 km schieben müßte, bevor ich wieder Asphalt erreichen würde. Schweren Herzens sah ich mich dazu gezwungen, einen Paß zu überqueren und wieder hinunter ins Tal zu fahren.

DURCH DIE HÖLLE RADELN

Während ich mittags noch mit Schal und Mütze über den 3078 Meter hohen Paß fuhr, war mir am Spätnachmittag sogar das T-Shirt zu warm. Ich war wieder unten in der »Hölle«.

In den letzten Tagen mußte es in dieser Gegend viel geregnet haben, da alles unter Wasser stand. Dadurch wurde die Luft noch feuchter und zu einem Paradies für Fliegen. Unzählige tummelten sich in der »wässrigen« Luft, und schon bald bedeckten sie jede freie Stelle meines Körpers oder verendeten in Nasenlöchern, Augen, dem Mund oder in den Ohren. Im Kampfe gegen den Tod verursachten sie ein unerträgliches Jucken, das mich zu Gegenmaßnahmen zwang. Trotz der Hitze zog ich es vor, meine Regenkleidung, Helm, Brille und Schal als Mückenschutz anzuziehen. Als ich so bekleidet weiterradelte, trieb es mir unaufhaltsam auch noch die letzte Mücke mit einem Schweißbächlein nach draußen.

Kurz vor Einbruch der Dunkelheit fand ich in einem Dorf ein kleines billiges Zimmer, in dem ich die Nacht verbringen wollte. Auf Schlaf mußte ich jedoch verzichten, da die Hitze mitten im Dezember nur unter der kalten Dusche zu ertragen war. Nachdem ich so sauber wie nie zuvor gewesen sein mußte und die Sinnlosigkeit meines Tuns erkannte, entschloß ich mich, noch mitten in der Nacht weiterzufahren.

Es war unheimlich, sich mit bepacktem Rad hinaus auf die schwarze Straße zu begeben. Andererseits waren zu dieser Uhrzeit die Temperaturen am besten zu ertragen. In Turnhose und T-Shirt bahnte ich mir auf meinem Rad den Weg durch die Finsternis. Als ich mich an die Dunkelheit gewöhnt hatte, konnte ich sogar die Straße erkennen und entschloß mich, ohne Taschenlampe zu fahren. Es war ein verdammt einsames Gefühl, Nordargentinien in der Nacht zu bereisen, jedoch die beste Lösung, wenn man mit einem Fahrrad unterwegs war.

Mit flottem Tempo rollte ich in den Morgen hinein, erlebte einen schönen Sonnenaufgang und machte um 11.00 Uhr Frühstückspause.

Als ich an einem Bach meinen überhitzten Kopf kühlte, hielt ein »pickup«, ein Auto mit Ladefläche, und der Fahrer machte mir das Angebot, mich auf der 12 Kilometer langen Auffahrt mitzunehmen. Als ich das Angebot dankend ablehnte, antwortete er mit einem vielsagenden Lachen. Ich übergoß meinen Körper nochmal mit kaltem Wasser und setzte mich in Bewegung. Nach ein paar Minuten war alles Wasser aus der Kleidung verdunstet. An die Schweißausbrüche, die darauf folgten, hatte ich mich mittlerweile gewöhnt. Dafür wurde die Hitze unter dem Helm immer spürbarer, immer unerträglicher. Verzweifelt zwang ich mich dazu, einen Rhythmus beizubehalten. Immer fester biß ich auf den Halteriemen des Helms, immer stärker wurde das Dröhnen unter dem Helm, immer schneller mein Herzschlag, immer hektischer meine Atemzüge, bis ich es nicht mehr aushielt und unter einem Baum anhielt. Sofort schnallte ich den Helm ab, hielt ein Auto an und bat um Wasser, das ich mir über den Kopf goß. Erst als ich wieder einigermaßen ruhig war, fuhr ich weiter. Wieder kam ich einige Kilometer weit, mußte mich dann jedoch abermals unter einem Baum im Schatten erholen. Ich bekam nochmals Wasser vom Fahrer eines entgegenkommenden Wagens und wurde beruhigt. Seiner Meinung nach sollten es nur noch zwei, höchstens drei Kilometer bis zum Paß sein. Wieder setzte ich mich in Bewegung, wieder mußte ich halten. Ich radelte immer kürzere Strecken und legte immer längere Pausen ein. Mein Kopf dröhnte immer lauter und meine Lungen rangen immer mehr nach Luft. Also begann ich zu schieben. Mein letztes Trinkwasser goß ich über den Kopf; der dröhnte jedoch unaufhörlich weiter. Auf diesem Berg schien es keinen Paß zu geben, begann ich mir einzureden. Als sei die Straße endlos, schlängelte sie sich unaufhaltsam durch den Wald nach oben.

Ich begann, die Last meines Körpers auf mein Rad zu stützen und

Wegen der Fliegen, bei 40° C Hitze in voller Montur

Unmittelbar vor dem ersten Hitzschlag

zwang mich, langsam einen Fuß vor den anderen zu setzen. Als wieder ein Auto kam, ließ ich mein Rad fallen und bat anzuhalten. Ohne zu zögern stieg der Fahrer aus, riß den Kofferraum auf und schüttete mir Wasser aus einem großen Kanister über den Kopf. Ich solle doch auf einen Laster steigen, in dem Zustand sei es doch unmöglich, die fehlenden 4 Kilometer noch zu überstehen, riet er mir. 4 Kilometer, ich wollte es nicht glauben. Ebensoviele hatte mir der vorhergehende Fahrer genannt, als ich ihn nach der Entfernung zum Paß fragte. Seither war ich jedoch schon mehrere Kilometer gefahren. Enttäuscht stieg ich wieder auf, biß noch fester in den Helmriemen, hielt wieder an, begann wieder zu schieben, lehnte den Arm auf den Sattel, vergrub meinen Kopf darunter und schob gedankenlos das Rad über die Straße. Und plötzlich war ich oben auf dem 1200 Meter hohen Paß. Es war geschafft, auch wenn ich kaum mehr daran glauben wollte. Ein Bus machte auch gerade Pause, und sofort kamen die Fahrgäste auf mich zugelaufen. Man stützte mich und gab mir lauwarme Coca Cola zu trinken. Als man begann, Fotos von mir zu machen, bat ich darum, auch mit meiner Kamera ein Foto zu schießen. Vielleicht wollte ich in diesem Moment einen Beweis, daß ich diese Ankunft nicht erträumt hatte.

Als der Bus weiterfuhr, bereitete auch ich mich auf die Abfahrt vor. Trotz des ständigen Schwindelgefühls und des nachlassenden Sehvermögens erreichte ich noch den nächsten Ort. Da es unmöglich war, ein Hotel oder eine Pension zu finden, ich aber auch nicht mehr in der Lage war, die nächste Stadt zu erreichen, begab ich mich auf die Gemeinde. Der Flur des Gemeindehauses war mit Fliesen gepflastert. Als ich das erkannte, legte ich mich auf den Boden und wälzte meinen Kopf über den kalten Bodenbelag. Es war mir peinlich, als plötzlich zwei Männer neben mir standen. Sie hoben mich auf und während der eine mich stützte, schob der andere mein Rad neben uns her. Man brachte mich in ein Haus und legte mich ins Bett.

Es war sicherlich auch Glück, in solchen Momenten auf die richtigen Menschen zu treffen. Ohne Zweifel waren dies die Momente, in denen ich am meisten bedauerte, alleine unterwegs zu sein. Andererseits wurde mir genau dann die Hilfsbereitschaft der Lateinamerikaner bewiesen. Das einzige, wovon ich auf meiner Reise abhängig war, waren die Menschen und genau mit denen hatte ich die besten Erfahrungen gemacht. Als ich erwachte, brachte mir eine ältere Frau eine heiße Suppe ans Bett und erzählte mir, daß sie die Mutter des Herrn sein, der mich vor einigen Stunden mit einem leichten Hitzschlag zu sich nach Hause gebracht hatte. Ihr Sohn mußte noch in der Gemeinde arbeiten, ich sollte ihn aber am Abend kennenlernen. Dann begleitete sie mich in den Garten, wo die Dusche stand. Sie entschuldigte sich, daß nur wenig Wasser da sei, aber der Dezember sollte dieses Jahr so heiß wie schon lange nicht mehr gewesen sein, und es wäre nicht möglich, mehr Wasser zu bekommen. Sie öffnete mir die Tür in ein kleines Häuschen, von dessen Decke ein Rohr herabhing. Als ich den Hahn aufdrehte, floß ein dünner Wasserstrahl daraus hervor. Während sich das Wasser langsam über meinem Körper ausbreitete, freuten sich zwei Ratten über das Bad im Abfluß. Dieses bißchen Wasser war für uns drei das Schönste, was wir uns vorstellen konnten. Niemals zuvor hatte ich dem Wasser eine derart große Bedeutung zuerkannt wie in diesem Moment.

Nachdem ich am Abend stundenlang zu erklären versucht hatte, warum ich diese Reise machte und was daran so interessant sei, stellte man mir ein Bett in den Garten, damit ich wie alle anderen diese milde Nacht unter einem endlosen Sternenhimmel verbringen durfte. Am folgenden, wie auch an den darauffolgenden Morgenden brach ich um 3.00 Uhr auf, suchte mir um 11.00 Uhr ein ruhiges Plätzchen, holte bis 17.00 Uhr den verlorenen Schlaf nach und hielt erst ab 23.00 Uhr Ausschau nach einem sicheren Nachtquartier. Es fehlte mir noch eine Tagestour bis nach Mendoza, von wo aus es wieder über die Anden gehen sollte. Ich hatte nochmals eine

Nordargentinien, wo ich wegen der Hitze fast ausschließlich nachts radeln mußte.

Nacht in einem Bett im Garten verbracht, am Morgen jedoch leider verschlafen.

Als mich Fliegen weckten, ging gerade die Sonne auf. Mittags, als es am heißesten war, stand ich am Kilometerschild »100 km« nach Mendoza. Ich wollte diese Stadt noch vor Sonnenuntergang erreichen und rollte unbeirrt los. Beim Schild »80 km« nach Mendoza hielt mich die Polizei auf. In einem Wachhaus an der Straße kontrollierte man erst meine Papiere, holte dann Wasser aus einem Brunnen und goß es mir über den Kopf. Zum Abschied lud man mich zum Weintrinken ein. Da ich mitten in einer Weingegend saß, war genug Vorrat da. Immer wieder füllte man mir das Glas mit diesem süßlichen Getränk. Ich konnte von Glück reden, daß mittags die Straßen in Nordargentinien wegen der Hitze fast immer leer waren. Der Wein, der mir sofort zu Kopf stieg, nahm mir fast vollständig das Gleichgewichtsgefühl. Im Slalom ging es über die heiße Straße und immer wenn ich einen Baum am Straßenrand mit einem Auto verwechselte, landete ich fast im Straßengraben gegenüber. Auf einer Farm holte ich mir Wasser aus einem Brunnen und war verwundert, als ich danach schon bei Kilometerschild 60 vorbeifuhr. Bis 40 Kilometer vor Mendoza wurde es wegen der nachlassenden Wirkung des Weins wieder unangenehm. Trotzdem erreichte ich das Schild und bekam auch wieder Wasser für die Dusche. Bei Schild »20 km« nach Mendoza kontrollierte mich wieder die Polizei, und um 18.00 Uhr war ich in Mendoza, wo ich das Schlimmste überstanden hatte.

Auf dem Wege zur Touristeninformation lernte ich einen Mann kennen, der unbedingt mit mir ins Gespräch kommen wollte. Er wollte es nicht verstehen, daß ich freiwillig den Norden Argentiniens mit einem Rad bereist hatte. Vielmehr vermutete er hinter dieser »Tortur«, wie er es nannte, irgendeine Verpflichtung. Er lud mich zum Sandwich ein und nahm mich zum Nachtisch mit in seine Eisdiele. Dort lernte ich seinen Sohn kennen, der mich am Abend mit zu seiner Freundin nahm. Ihre Eltern hatten am Rande der Stadt eine große Villa mit Schwimmbad. An einem reichlich gedeckten Tisch gab es ein vorzügliches Abendmahl, und nach Mitternacht entspannten wir uns noch im warmen Pool. Wohnen durfte ich bei einem Freund, der gemeinsam mit einem Maler, einem Musiker und einem Fotografen in einer Wohngemeinschaft lebte. Er selbst war nicht nur künstlerisch sehr begabt, sondern auch politisch engagiert. An jedem der vier Abende, die ich dort verbrachte, kam man auf das Thema Politik zu sprechen. Immer wieder betonte er, daß alle froh seien, die Militärs los zu sein, die zwei Wochen zuvor die Macht an eine demokratische Regierung übergeben hatten müssen.

Dieser Aufenthalt war wie eine Belohnung für die schwierigen Tage in Nordargentinien und genau an solche Momente dachte ich zurück, wenn mir das Radfahren mal nicht so viel Freude machte.

Die Tage verflogen und ich mußte weiter. Weihnachten wollte ich in Santiago de Chile verbringen, mußte davor jedoch noch über die Anden.

WEIHNACHTEN, SILVESTER …

Mit der kindlichen Freude auf Weihnachten im Blut fiel mir die nächste Etappe nicht weiter schwer. Die 120 Kilometer und 3000 Höhenmeter bis kurz vor den Paß konnte ich an einem Tag überwinden. Da mich mittags ein Restaurantbesitzer nicht nur zum Essen eingeladen hatte, sondern mir auch noch die Adresse seines Freundes mit einem Empfehlungsschreiben mitgab, war auch für die Übernachtung gesorgt. Als ich abends vor dessen Hütte stand, war es schon dunkel. Ein kleiner Mann mit einer Kerze in der Hand öffnete mir. Verwundert schaute er mich an und fragte mich, was ich wolle. Also überreichte ich ihm den Zettel, den ich mittags bekommen hatte. Langsam entzifferte er ihn, begann zu grinsen und bat mich einzutreten. Ich sei willkommen, war sein einziger Kommentar. Bei Kerzenlicht führte er mich in die Küche, die auch nur mit einer Kerze erleuchtet war. Erst als ich mich an das düstere Licht gewöhnt hatte, erkannte ich eine Frau und mehrere Kinder, die schweigend von ihren Tellern mit Fleisch saßen. Sofort entschuldigte ich mich, daß ich beim Essen gestört hatte und wollte nach draußen gehen. Inzwischen hatte mir jedoch der Mann schon einen Stuhl geholt, und seine Frau war aufgestanden, um mir einen Teller und eine Tasse zu bringen. Ich bekam Kaffee, und auf einem großen Teller servierte man mir einige Brocken Fleisch. Während ich, wie die anderen, mit den Fingern zu essen begann, fing der Mann an zu erzählen, wie er das junge Wildschwein am Vortag erlegt hatte. Ich hätte Glück, meinte er, normalerweise gäbe es kein Fleisch in seiner Familie, aber jedes Weihnachten bekäme er vom Staat die Erlaubnis, ein Wildschwein zu erlegen.

Als Nachtisch überreichte mir seine Frau noch ein Stück vom selbstgebackenen Kuchen und gestand mir, daß auch er für Weihnachten sei.

Nach dem Essen bekam ich eine Kerze und wurde zu meinem Zimmer gebracht. Kaum hatte ich es mir auf dem Boden bequem gemacht, kam der Mann mit mehreren Decken zurück. Wenn er mir schon kein Bett bieten könne, wolle er wenigstens verhindern, daß ich in der Nacht friere. Er betonte extra, daß die Nächte hier oben sehr kalt seien.

Schwitzte ich einige Tage zuvor sogar im Bett im Garten, so konnte ich diese Nacht die Decken tatsächlich gut gebrauchen. Auch am Morgen mied ich nicht, wie in den vergangenen Tagen, die Sonne, sondern war vielmehr froh, als sie hinter den Bergen hervorkam und ein bißchen Wärme spendete.

Ich durchquerte den längsten Tunnel Lateinamerikas und kam auf die andere Seite der Anden. »Bienvenido en Chile«, empfing mich ein Schild im vierten Land meiner Rundreise. Da die Hotels in Chile für mein Budget viel zu teuer waren, hatte ich Glück, daß ich bei einem Winzer schlafen durfte. Dieser versuchte mir mit allen Mitteln, bzw. mit vielen Weinen zu beweisen, daß der chilenische Wein besser sei als der argentinische.

Bei der Rivalität zwischen den beiden Nachbarländern ging es spürbar nicht nur um die zwei Inseln im Beagelkanal, deretwegen man sich schon den Krieg erklären wollte, sondern oft nur um ganz kleine Dinge.

Bei 30° Celsius und blauem Himmel erreichte ich am nächsten Tag Santiago, die Hauptstadt Chiles. Zwischen Taxis und Bussen erkämpfte ich mir den Weg bis ins Zentrum, und ein Polizist erklärte mir, wie ich zum Vorort Maipu kommen sollte. Dort hatte ich nämlich eine Adresse.

Weihnachten bei der Familie Schiavetto

Endlich war es soweit. Ich stand vor der Tür der einzigen Familie in Lateinamerika, die ich schon vor meiner Abreise gekannt hatte. Eine Frau öffnete mir. Sofort begann ich zu erklären, wer ich sei. Ich fragte sie, ob sie sich noch an mich erinnere, als ich sie und ihre Kinder in einem Café in Luxemburg bediente. Damals hatte ich gejobbt, um mir das Geld für die Reise zu verdienen und hatte dabei viele Touristen kennengelernt. Da ich großes Interesse an Chile gezeigt hatte, hatte sie mir ihre Adresse gegeben, wahrscheinlich in der Annahme, daß ich nie an das andere Ende der Erde kommen würde. Noch bevor ich ausgesprochen hatte, fiel sie mir in die Arme und ließ mich ihre Freude spüren.

Es war der 22. Dezember, und ich war selbstverständlich Gast für Weihnachten.

Eine Woche lang umsorgte man mich, wobei ich fast alles, was ich seit meiner Abreise hatte entbehren müssen, genießen konnte.

Die chilenische Gastfreundschaft kannte keine Grenzen. Außerdem nahm ich mir die Zeit, mein Rad für die bevorstehende Etappe vorzubereiten. Dazu benutzte ich die Ersatzteile, die mir meine Eltern aus Europa zur Deutschen Botschaft geschickt hatten. Außer Paketen mit Schläuchen, Mänteln, Speichen und Bremszügen, empfing ich auf der Botschaft auch

Der Vulkan Villarica im Seengebiet von Südchile

die unentbehrliche Weihnachtspost. Besonders letzteres, zusammen mit der Herzlichkeit der Familie Schiavetto, bescherten mir ein wunderbares Weihnachtsfest. Trotzdem war es der schwerste Moment der Reise.

Nachdem jede Schraube nachgezogen war, ich die Räder zentriert hatte, die neuen Bremsbeläge fest saßen und ich die zerrissenen Radtaschen genäht hatte, kam der Abschied.

Mein Ziel war es, Neujahr im Seengebiet, 800 Kilometer südlich von Santiago, zu feiern. Vier Tage blieben mir dafür und dementsprechend mußte ich meine Tagesetappen einteilen.

Erleichtert wurde mir die Raserei durch die vielen Radsportler, die ich unterwegs kennenlernte. Kaum hängte mich eine Gruppe ab, kam auch schon die nächste. Obwohl ich meine Satteltaschen auf dem Tourenrad hatte, lieferten wir uns so manches große Rennen. Meine Prämie als Verlierer war die Übernachtung beim Gewinner. Gegen die Muskelschmerzen erhielt ich Salben, und die verlorene Energie bekam ich durch die Kraftnahrung, die mir die Eltern der sportlichen Söhne gerne schenkten, wieder zurück.

Am 31. 12. hatte ich es geschafft. Den letzten Tag im Jahr war ich umgeben von Seen, Wasserfällen, Wäldern und schneebedeckten Vulkanen. Für den Abend nannte man mir eine Adresse eines freundlichen Deutschen, der sicherlich nichts dagegen haben würde, wenn ich Silvester bei ihm verbrächte.

Natürlich fand ich es unverschämt, als ich bei seinem Haus war und versuchte, ihn irgendwie kennenzulernen. Zum Glück war das eine sehr europäische Einstellung, die ich oft unterdrücken mußte. Daß er – und auch lateinamerikanische Familien – es nicht unbedingt als unverschämt empfanden, bewies er mir mit seiner Gastfreundschaft. Ohne weiteres durfte ich an diesem Abend mit ihm und seiner Familie aufs Neue Jahr anstoßen. Außerdem war er stolz, mir in den nächsten Tagen Teile von Chile zeigen zu können, die man sonst als Tourist nur selten kennenlernt. Sein Interesse an meinen Erzählungen und ein wenig Bewunderung, die ich manchmal genoß, schenkten meinem Gewissen Ruhe und mir neue Kraft für die nächsten Etappen.

Frank oder Francesco, wie ihn seine Freunde nannten, erklärte mir bei der Abfahrt noch den schönsten Weg in Richtung Süden und überließ mich wieder dem Zauber der Natur. Mehr als einmal mußte ich in den nächsten Tagen mein Rad auf die Schulter nehmen oder es auf einem Fischerboot über einen See bringen lassen. Ich wunderte mich deshalb auch nicht mehr, daß die beschriebenen Wege nicht auf meiner Karte vermerkt waren. Nach dem Motto: »Vorankommen wie auch immer«, kam ich wieder zur argentinischen Grenze und erreichte auf der anderen Seite der Anden Bariloche. Es war sogar bei Europäern und Amerikanern für seine Skipisten und Wanderwege bekannt. Dem Bekanntheitsgrad entsprechend waren auch seine Bewohner und das gesamte Stadtbild. Für mich ist es eine schlechte Kopie eines Schweizer Wintersportgebietes.

Zwar gab es Luxushotels und teure Geschäfte, jedoch allein die Tatsache, sich in Lateinamerika zu befinden, ließ die Chalets und anderen Holzbauten lächerlich wirken.

Als besonders unangenehm empfand ich die Einwohner. Man schien nur Amerikaner zu kennen, die mit Dollars um sich werfen. Jemand, der nicht angeflogen, sondern angeradelt kam, war nicht willkommen. Den Beweis für die Existenz zweier Welten, den Touristenzentren und dem Rest des Landes, erhielt ich am Abend, als ich verzweifelt ein Schlafquartier suchte. Da die Hotels nicht zu bezahlen waren oder ich für mindestens 2 Nächte hätte bleiben müssen, wollte ich mich für einige Stunden in einem Häusereingang ausruhen. Nachdem mich erst der Haushund entdeckte und dann auch noch der Besitzer angelaufen kam, mußte ich meine Stellung räumen. Eine Stunde lang irrte ich durch das schlafende Bariloche, bis ich zum Glück jemanden traf, der am Rande dieser Gesellschaft zu leben schien. Er lud mich ein, bei ihm zu schlafen. Sein Zuhause war eine Garage. Als Bett bekam ich einen staubigen Holzkarren, auf dem ich mich vor den Ratten schützen sollte, und zum Essen schenkte er mir auch noch eine Dose mit Streichwurst. Ich aß die Wurst, und nachts fraßen Tausende roter Ameisen mein Brot aus dem Rucksack. Als ich dies am nächsten Morgen feststellte, gab es nichts mehr, was mich noch in Bariloche hielt.

HINAUS NACH PATAGONIEN

Bariloche war das Tor zu Patagonien, der Eingang zu einem gewaltigen Hochplateau. Beim Automobilclub informierte ich mich über die Straßen, die mich nach Süden bringen sollten. Offiziell gab es nur eine Straße nach Ushuaia und diese führte am Atlantik entlang. Um sie zu erreichen, mußte ich zuerst Patagonien durchqueren. Fast in jedem Satz schimpfte der Angestellte des Automobilclubs auf die Straßen. »Muchas piedras, mucha tierra«, viel Rollsplitt und viel Sand, daraus sollten seiner Meinung nach die Straßen bestehen. Er riet mir zu fliegen, wie es alle Touristen, die unbedingt nach Feuerland wollten, taten. Für ihn war Patagonien das Ende der Welt. Er beschrieb es mir als doppelt so groß wie Frankreich mit nur 600000 Einwohnern. Diese konzentrieren sich auf die wenigen größeren Städte oder leben irgendwo in der Steppe auf abgelegenen Farmen. Neben der absoluten Einsamkeit würde mir auch noch der Wind den Willen, Feuerland mit dem Rad zu erreichen, nehmen. Er erzählte mir von zwei Schweizer Radfahrern, die auf dem Wege von Buenos Aires dorthin schon auf halber Strecke aufgegeben hatten. Nach all seinen Versuchen, mir Feuerland auszureden, bat ich ihn, mir eine Landkarte zu verkaufen. Ich wollte es wenigstens versuchen.

Auf einer sehr steinigen Straße verließ ich die Gegend von Bariloche. Schon sehr bald hatte ich die Andenkette in ihrer ganzen Pracht hinter mir. Womöglich zum Abschied hatte es in den Bergen nochmals geschneit. Weiße Bergspitzen grenzten das Steinmassiv vom dunkelblauen Himmel ab. Das friedvolle Bild in meinem Rückspiegel täuschte jedoch. Kaum hatte ich den letzten Hügel überwunden, kam Wind auf. Er brachte eisige Kälte aus den Bergen. Selbst mit Anorak, Schal, Handschuhen und Mütze mußte ich immer stärker in die Pedale treten, um warm zu bleiben. Anstelle einer windschlüpfrigen Haltung mußte ich mich, wie auch schon in Bolivien, aufrecht halten. Mit starrem Blick auf die Steinwelt der Straße und

Patagonien, das
Land der Gauchos
und Schafe

»Bosques
piedrificados«,
70000 Jahre alte
Wälder, aus Stein

Ein Gürteltier im patagonischen Steinwald

Auch die jungen Pinguine suchen Schutz vor dem Sturm in Patagonien

rhythmischen Bewegungen der Arme und Beine ging es, dem Verlauf der Straße folgend, nach Osten. Schon sehr bald befand ich mich irgendwo inmitten von Patagonien. Im Westen waren die Berge meiner Sicht entschwunden, im Osten wollte ich in einigen Tagen den Atlantik erreichen. Im Norden herrschte wahrscheinlich noch immer die Hitze und beim Blick nach Süden träumte ich so manchmal von Feuerland. Viele Kilometer weit, hinter unzählig vielen Büschen und Sträuchern, mußte Ushuaia liegen, eine kleine Stadt ohne Bedeutung und doch ein großes Ziel.

Mit zunehmender Entfernung von den Anden wurde es zwar wärmer, der Wind jedoch stärker. Welche Bedeutung patagonischer Wind hat, wurde mir klar, als ich die Richtung änderte.

Auf einem Weg, direkt nach Süden, wollte ich einen geologischen Park erreichen. Dabei hatte ich das erste Mal Seitenwind. Wie vieles, was neu war, fand ich auch diese Situation, daß es unmöglich war, auf dem Rad zu sitzen, amüsant. Der Wind stieß mich ganz einfach um. Also schob ich es über die Steinstraße. Trotz der langen Sommerabende auf der südlichen Hemisphäre erreichte ich die Hütte des Parkaufsehers erst nach Sonnenuntergang. Zum Glück war es für ihn selbstverständlich, mir eine warme Bleibe anzubieten.

Am nächsten Tag stellte sich heraus, daß mein Nachtlager inmitten eines Waldes lag, eines Waldes, der als bester Beweis für die Trostlosigkeit diente. Anstatt blühender Laubbäume, duftender Kiefern und Tannen, lagen auf einer grenzenlosen »Lichtung« nur versteinerte Bäume herum.

Anstelle von undurchdringlichem Dickicht auf schwarzem Waldboden, wuchsen trockene, mit Stacheln versehene Sträucher. Es hüpften auch keine Hasen oder Rehe herum oder zwitscherten Vögel, nein, nur ein langweiliges Gürteltier kroch über die Straße, während der Wind eintönig um das versteinerte Holz herumpfiff. Obwohl dieses Ödland zur Küste hin fast noch trostloser wurde, empfand ich es, wie auch anfangs die Wüste, in seiner extremen Form faszinierend. Für mich als Europäer, der nur eine mit Häusern und Straßen bepackte Landschaft kennt, war dies etwas Unvorstellbares.

Probleme brachte vorerst auch nur die Einsamkeit mit sich. Die Entfernungen zwischen den Dörfern wurden immer größer und die Dörfer immer kleiner. Von Tag zu Tag mußte ich mehr Proviant aufladen und das Wasser sparsamer konsumieren. Auf meiner Landkarte lagen die Dörfer oft über 100 Kilometer auseinander, und die eingezeichneten Farmen gab es manchmal gar nicht. Das größte Problem, gleichzeitig jedoch auch das größte Abenteuer, wurden wieder die Übernachtungen.

Als ich mich an einem Abend wegen mehrerer Platten verspätet hatte, erreichte ich gerade noch eine Tankstelle inmitten des Nirdendwos. Der Besitzer war so freundlich, mir eine Matratze in seinen Jeep zu legen, damit ich darauf weich übernachten konnte.

Ein anderes Mal, als ich in ein kleines Dorf kam, in dem Touristen nicht zum täglichen Bild gehörten und es deshalb auch kein Hotel gab, ließ mich ein Lehrer in seiner Schule übernachten. Das einzigartigste Bett fand ich jedoch, als ich endlich die Küste erreicht hatte.

Verlassen stand im Sand am Straßenrand, weit ab von jeglicher Zugstrecke, ein Eisenbahnwaggon. Er stand da, als würde er noch auf einen letzten Passagier warten. Ich hielt sofort an und stieg ein. Im Inneren war es sehr gemütlich. In einem Abteil stand ein altes Eisenbett und im anderen fand ich Waggonsitze. Ich baute mir einen Tisch aus Brettern, aß zu Abend und schrieb noch Tagebuch. Als ich müde war, verriegelte ich die Tür mit den Brettern und legte mich mit meiner Schaumgummimatratze auf das Eisenbett im »Schlafwagen«.

Leider konnte ich in Zügen noch nie gut schlafen, was diese Nacht nicht anders war. Unentwegt rüttelte und zerrte der Sturm Patagoniens am Waggon; eine Zugfahrt hätte kaum schlimmer sein können.

Als »Nachtquartier« ein verlassener Eisenbahnwaggon: »Wer müde ist schläft überall«.

Deshalb zögerte ich am Morgen nicht lange mit dem Aufbruch. Als ich bei Tagesanbruch die Waggontür öffnete, wollte ich kaum glauben, was los war. Mir war, als hätte ich die Tür eines fahrenden Zuges geöffnet und den Windzug vernommen. Es war jedoch nicht der Fahrtwind, der mir um die Ohren pfiff, sondern ein Sturm, so stark, wie ich ihn noch nie zuvor erlebt hatte. Die Umgebung war noch dieselbe, wie am Vorabend, als ich in den »Schlafwagen« gestiegen war. Patagonien war noch Patagonien, die unendliche Steppe graubraun, wie am Tag zuvor, wie zwei Tage vorher.

FREITAG, DER 13. JANUAR 1984

Ich wußte nicht so recht, ob ich aufbrechen sollte. War es das plötzliche Gefühl der Sinnlosigkeit, der Sturm oder der Ruf dieses Wochentages, wahrscheinlich alle drei zusammen, die mich zögern ließen, den Sprung nach draußen zu wagen. Dennoch sprang ich und mußte auch sofort mobil werden, da der Sandstaub damit begann, mich zu bedecken.

Die ersten Kilometer an diesem Morgen durfte ich mein Rad schieben und zwar bergab. Die einwandfrei asphaltierte Straße verlief entgegengesetzt zur Richtung des Sturmes. Dieser drückte energisch gegen meine Schultern, verfing sich im Schutzblech, zerrte an den Radtaschen und peitschte immer wieder den Sandstaub gegen alles, was ihm widerstand. Mit gesenktem Kopf schob ich mit aller Kraft mein Fahrrad voran. Auf der gegenüberliegenden Seite ging es wieder bergauf und zwar mit Rückenwind. Um mein Rad unter Kontrolle zu bekommen, bremste ich unentwegt, jagte aber trotzdem mit hoher Geschwindigkeit den Berg hinauf. Die Welt stand Kopf. Bei der Polizeiwache der Provinz Santa Cruz flüchtete ich ohne Kommentar ins Polizeihäuschen. Die dort versammelten Polizisten brachen in Gelächter aus, als sie mein Rad sahen. Besondere Freude schienen sie an der Frage zu haben, wo ich denn hin wolle.

Jeder von ihnen kannte das Ziel eines ausländischen Touristen, der auf der einzigen Straße nach Süden unterwegs war. Trotzdem sagte ich es ihnen noch einmal und sie lachten wie bei einem besonders guten Witz.

Als ich mich in das Kontrollbuch eintrug, war mir, als würde ich mein eigenes Testament unterschreiben, und als ich das vordere Schutzblech, das zuviel Wind auffing, entfernte und ein jeder mir helfen wollte, war es, als ob man sich zu einer letzten guten Tat verpflichtet fühlte. Wir überprüften noch den Halt des Gepäcks und schon ging es los. Während man mir betroffen noch viel Glück nachrief, begann ich damit, mein Rad einzupendeln. Der Wind kam schräg von vorn und drückte gegen den kleinsten Widerstand. Da es unmöglich war, das Rad senkrecht zu halten, mußte ich zuerst den richtigen Winkel finden. Einerseits galt es, überhaupt auf dem Rad sitzen zu bleiben, andererseits mußte ich vermeiden, daß das rechte Pedal den Boden berührte. In dieser Stellung drückte ich mit aller Kraft auf die Pedale, um das Gleichgewicht zu halten. Meter um Meter bewegte ich mich so nach Süden. Im Westen tanzte der Sand über die Steppe und im Osten die Gischt auf den Wellen des Atlantiks. Immer wieder gelang es dem Wind, mich von meiner Spur abzubringen. Kaum hatte ich dann den Rhythmus verloren, schob er mich über die Fahrbahn, drückte mich von der Straße und warf mich in den Sand. Zum Glück gewöhnte ich mich schnell daran und fand bald Übung im Aufsteigen. Ich drücke das Rad auf die andere Straßenseite, stellte mich links davon auf, brachte es in die richtige Stellung, begann laufend es neben mir herzuschieben und sprang dann auf. Kaum saß ich im Sattel, balancierte ich so lange auf der Fahrbahn herum, bis ich den richtigen Winkel gefunden hatte.

Besonders kritisch wurde das Fahren, wenn ich einem Lkw begegnete. Ich wechselte sofort die Fahrbahn und versuchte, mich so nah wie möglich am linken Straßenrand zu halten. Damit wollte ich verhindern, daß mich der Wind unter die großen Räder drücken würde. Zwar hielten die Fahrer immer den bestmöglichen Sicherheitsabstand, konnten jedoch nicht vermeiden, daß ich für einige Sekunden im Windschatten war. Meistens gelang es mir dann, das Rad in die fast senkrechte Stellung zu bringen, um es sofort danach wieder dem Wind entsprechend in die Schräge zu drücken. Ich war froh, daß nur wenige Laster unterwegs waren. Die Polizei hatte mich schon beruhigt, daß an besonders stürmischen Tagen die meisten Lkw-Fahrer lieber eine Pause einlegen oder ganz zu Hause bleiben. Mein Zuhause war seit Wochen die Landstraße.

Nicht ganz so rar wie die Lkw waren die Sandverwehungen. Oft war die Straße in eine Staubwolke gehüllt und fast unpassierbar. Hierfür erwies sich meine Schwimmerbrille, die ich für ganz andere Zwecke mitgebracht hatte, als sehr hilfreich. Mit ihr als Augenschutz und dem Schal vor Mund und Nase ging es, nicht nach Fischen suchend, sondern nach der Straße ausschauhaltend, durch das braune Chaos.

Als ich wieder einmal aus einer dieser Wolken kam, stand plötzlich ein Auto vor mir und der Fahrer mit Frau und Kindern wartete auf mich. Wo ich her sei, wo ich hin wolle, ob ich denn verrückt sei ... Sie überschütteten mich mit Fragen. Mit Frau und Kindern wurde ich noch für das Familienalbum abgelichtet, bekam noch zu trinken und schon waren alle glücklich.

Solche, nicht einmalige Zwischenfälle, gaben mir normalerweise den Mut, weiterzufahren, diesmal verlor ich ihn jedoch beim Anblick des nächsten Kilometerschildes sofort wieder.

Um 7.00 Uhr morgens war ich bei Schild 1480 gestartet, sechs Stunden später waren es, laut Schild, noch 1410 Kilometer nach Ushuaia. Mit 12 km/h und dem Gefühl, den Vormittag über einen Fünftausender geradelt zu sein, erreichte ich mittags Caleta Olivia, eines der drei größeren Dörfer auf dem Weg zu meinem Ziel. Freundlichst wurde ich im Gemeindehaus aufgenommen. Man überschüttete mich mit Essen und Geschenken, und ich verschenkte wieder eine Postkarte aus dem fernen, ruhigen Luxemburg.

Um 14.00 Uhr begab ich mich zurück zum Täfelchen 1410, um 15.00 Uhr hatte ich Kilometer 1400 passiert, um 16.00 Uhr... Ich begann die Kilometer zu zählen, dann die Stunden und die Minuten.

Während der Wind an mir herumzerrte, beschäftigte ich mich mit Rechenaufgaben. Immer wieder zog ich die geleisteten Kilometer von den noch zu leistenden Kilometern ab. Ich errechnete die Stunden nach Ushuaia, die Sekunden und Minuten nach Fitz Roy, wo ich die nächste Nacht verbringen wollte. Es wurde 19.00 Uhr, 20.00 Uhr und endlich, um 22.00 Uhr, erreichte ich das kleine Präriedorf.

Für diese Nacht fand ich keinen Zugwaggon, sondern mußte mit einer baufälligen Hütte vorlieb nehmen.

SO SOLLEN DIE EUROPÄER SEIN...

Außer daß ich mir in der Nacht einen Schnupfen geholt hatte, brachte der nächste Tag keine grundlegende Änderung mit sich. Wind, Sand, Einsamkeit, Patagonien.

Mal kam ich mehrere Kilometer ungehindert voran, dann stürzte ich wieder, saß deprimiert am Straßenrand, verschränkte einige Minuten die Arme über dem Kopf und wünschte mir nichts sehnlicher, als das Gesäusel des Windes aus den Ohren zu bekommen.

Ständig suchte ich den Horizont nach dem Verlauf der Straße ab. Im Zweikampf mit dem Wind bedeutete eine jede Linkskurve einen Vorteil für mich, eine Rechtskurve einen Vorteil für den Wind. Nur eines stand fest, von vorne kam der Wind immer, wenn auch sein Einfallswinkel sich in den Kurven änderte.

Alle 10 Kilometer hielt ich an und aß Nüsse, Rosinen und Honig oder spülte mit Wasser den abgelagerten Sand aus der Kehle. Als mir am Nachmittag die kostbare Flüssigkeit ausging, hielt ich einen Laster an und bat um Wasser aus dem großen Reservekanister. Sofort bekam ich, was ich wollte, und wurde auch noch zum »mate«, dem argentinischen Tee, ohne den so mancher Argentinier nicht leben kann, eingeladen.

Während wir abwechselnd, mit Hilfe eines speziellen Metallstrohhalms, den Tee aus einem Holzbecher saugten, erhielten wir Funkkontakt aus dem Süden. Man meldete wilde Stürme, Schneeregen, Kälte und Frost. Daraufhin war der Fahrer kaum mehr davon abzubringen, mich mitzunehmen. Ich sei wahnsinnig. Es sei unmenschlich, mit dem Rad nach Süden zu fahren. Wenn ich es überhaupt schaffen würde, bräuchte ich dafür noch Wochen. Mit dem Laster könnte ich schon am Abend kurz vor meinem Ziel sein... Als er merkte, daß alles zwecklos war und ich es unbedingt versuchen wollte, meinte er zu seinem Beifahrer: »Asi son alli«, so sind die Europäer nun mal.

Er verstand nicht, daß das Kennenlernen eines neuen Landes nur ein Teil des Abenteuers war, das Erreichen eines Zieles mit dem Rad für mich jedoch mindestens genauso wichtig war. Außerdem passierte immer etwas, was einem die Tour zur Freude werden ließ, auch wenn viele daran zweifelten.

So war es auch am nächsten Tag. Während ich wieder mal die Kilometer zählte, erkannte ich am Straßenrand plötzlich ein Zelt, ein Rad und einen Radfahrer, der frühstückte. Ich lernte Jean kennen und verstand mich sofort sehr gut mit ihm, so daß wir die nächsten 4 Tage zusammen unterwegs waren. Jean war 21 und kam aus Frankreich. Er war vor eineinhalb Jahren in Alaska gestartet und hatte dasselbe Ziel wie ich. Es gab nichts, was ihn hätte aufhalten können. In Panama verlor er bei einem Überfall sein über 100 Seiten umfassendes Tagebuch, in Kolumbien erlebte er eine brutale Regenzeit, in Peru sperrte man ihn wegen Verdachts auf Spionage für einige Tage ins Gefängnis, kurz vor Bolivien bekam er Hepatitis, die er bei einem Missionar auskurierte, unmittelbar danach bezwang er, noch sehr geschwächt, die extremen Pässe Boliviens...

30000 Kilometer war er schon geradelt und wollte trotz des Windes, der für ihn das schlimmste Erlebnis war, Feuerland unbedingt mit dem Rad erreichen. Wir machten uns gegenseitig Mut und erleichterten uns abwechselnd durch Windschattenfahren das Vorankommen.

Jean war der Meinung, daß die Jüngsten am weitesten kommen und war auch davon überzeugt, daß er in ständiger Begleitung unmöglich so weit gekommen wäre. Daß jedoch auch er kein Einzelgänger war, erfuhr ich, als wir bei fremden Leuten im Waschraum übernachten durften und ein Pfarrer uns zwei Tage in seinem Pfarrhaus wohnen ließ. Ständig freuten wir uns, neue Leute kennenzulernen und waren entsprechend aufgeschlossen.

(Zurück in Luxemburg erfuhr ich, daß Jean Ushuaia eine Woche nach mir erreicht hatte und auch heil nach Hause kam. Einen Monat nach seiner Rückkehr hat er sich das Leben genommen.

»Das Schlimmste waren nicht die unvermeidlichen Krankheiten, die hohen Pässe der bolivianischen Anden, die Stürme Patagoniens..., sondern nach einer langen Reise in den Alltag zurückzukehren.«)

SO SIND DIE LATEINAMERIKANER...

Als wir uns trennten, weil Jean noch ins Landesinnere wollte, glaubte ich, genug Mut bekommen zu haben, um noch eine letzte große Tagesetappe zurücklegen zu können. Ich wollte noch am selben Tag Rio Gallegos, 230 Kilometer im Süden, erreichen.

Ich wußte, daß von dort an die Bedingungen etwas besser werden würden.

Völlig erschöpft erreichte ich am Nachmittag eines der wenigen Straßenrestaurants auf dieser Strecke. Ich wollte nur Wasser holen und sofort weiterradeln, als zwei Lastwagenfahrer, die auch gerade eine Pause einlegten, mir Sandwiches bestellten und mich baten, noch etwas zu essen. Kaum waren die Sandwiches im Magen verschwunden, stand schon wieder eines bereit und dazu eine Cola. Ich trank die Cola und bekam ohne etwas zu sagen noch eine zweite. Ich aß das Sandwich und bekam auch davon noch eines. Ich war noch nicht fertig damit, als ein Gaucho hereinkam und mir auch ein Sandwich und eine Cola bestellte und als ich zur Toilette mußte und zurückkam, waren die Teller wieder voll. Man bat mich, zu essen soviel ich wollte. Meine Eßwut mußte Gefallen gefunden haben. Als ich anstandshalber mit Essen aufhörte, zahlte man für mich, der Gaucho kaufte mir noch eine Tafel Schokolade, meinte dazu, daß ich sie sicherlich noch brauchen würde und jeder ging seiner Wege.

»So sind sie hier in Lateinamerika« schrieb ich in mein Tagebuch und meinte fast alle Lateinamerikaner damit.

Erst als ich wieder zu meinem Rad ging und aufstieg, merkte ich, wie schwer meine Beine geworden waren. Ich stieg auf, schnallte die Schuhe auf die Pedale, begann zu treten und dachte nur noch an diese nette

Begegnung. Deshalb bedauerte ich keineswegs, mit einem Rad unterwegs zu sein. Es waren diese kleinen Gesten, die mir auf den unangenehmen Strecken die Kraft gaben, unaufhaltsam ein Bein nach unten und das andere nach oben zu bewegen. Um 19.00 Uhr kam ich an einer Farm vorbei, ich zwang mich jedoch weiterzufahren. Ich wußte, daß abends der Wind immer nachließ und das Fahren somit leichter wurde.

Um 20.30 Uhr, als es noch immer stürmte, und ich von weitem etwas Hausähnliches erkennen konnte, entschloß ich mich, doch schon aufzugeben. Ich gestand mir ein, mein Ziel für diesen Tag zu hoch gesteckt zu haben. Nachdem ich 12 Stunden lang die Kette fast ausschließlich über den leichtesten Gang bewegt hatte, war ich am Ende meiner Kräfte.

Von Minute zu Minute wurde das Hausähnliche, die schwarzen Punkte, größer. Ich war schon darauf vorbereitet, bald wieder unter Leuten zu sein und freute mich aufs Reden und Lachen.

Wie groß deshalb meine Enttäuschung war, als sich die schwarzen Punkte als große Benzintanks entpuppten, konnte ich im wahrsten Sinne des Wortes niemandem sagen. Ich setzte mich verzweifelt vor die Benzintanks und packte meine Schokolade aus. Der Gaucho mußte gewußt haben, wovon er sprach, als er sagte: Du wirst die Schokolade noch brauchen können.

Als ich sie langsam auf der Zunge zergehen ließ, kam plötzlich ein Tankwagen angefahren. Ich hielt ihn sofort an und fragte den Fahrer nach der Entfernung zum nächsten Haus. Seiner Meinung nach gab es bis zum 80 Kilometer entfernten Rio Gallegos kein Haus mehr. Als er mein enttäuschtes Gesicht sah, machte er mir trotz des Verbotes, Anhalter auf Tanklastern mitzunehmen, das Angebot, mit ihm nach Rio Gallegos zu fahren.

Ich gestand ihm, daß ich auf keinen Fall mitfahren wollte, bat ihn jedoch darum, da er sowieso langsam fuhr, mich in seinem Windschatten mitfahren zu lassen. Wenn er auch nicht verstehen konnte, wieviel leichter es ist, wenn man den Sturm abgenommen bekommt, so fand er meine Bitte doch akzeptabel. Als ich bereit war, fuhr ich so dicht wie möglich hinter seine großen Hinterreifen und begann zu strampeln. Zwar erreichten wir eine beachtliche Geschwindigkeit, ich hielt jedoch nicht durch und wurde abgehängt. Als der Fahrer sah, daß er mich verloren hatte, wurde er langsamer und wir versuchten es aufs neue. Soviel leichter das Fahren auch war, es gelang mir nicht, unentwegt mit voller Geschwindigkeit zu pedallieren.

Ich dankte für den Versuch, mir helfen zu wollen und sah zu, wie der Laster verschwand.

Mittlerweile war es dunkel geworden. Zwar hatte der Wind nachgelassen, dafür begann es jedoch zu regnen. Ich hielt an und setzte mich an den Straßenrand. Wieder begann ich damit, meine Schokolade zu lutschen und zu warten. Worauf? Ich wußte es nicht.

Natürlich geschah wieder nichts, außer, daß ich aus irgendeinem Grund wieder aufs Rad stieg, die Pedalriemen zuzog und gleichmäßig die Beine nach unten und nach oben bewegte. Meine Füße drückten schon mehr automatisch als willentlich gesteuert auf die Pedale. Das Denken hatte ich eingestellt, ich zwang mich nur noch, die Augen offenzuhalten. Es war totenstill und der Wind wie weggeblasen. Trotzdem vernahm ich noch immer das Säuseln, das mir in den letzten Wochen in den Ohren gelegen hatte. Von der Ebene war nichts zu sehen. Es leuchtete einzig und allein die Straße, die von einer dünnen Wasserschicht bedeckt war. Als gäbe es nichts Schöneres, rollte ich einsam durch die schwarze Nacht, bis ich plötzlich Musik hörte. Erst als ich ein beleuchtetes Haus sah, kam mir die Idee anzuhalten. Ich schob mein Rad in eine warme Stube, setzte mich an einen Tisch und als der Wirt kam, konnte ich die Tränen nicht zurückhalten. Etwas unbeholfen brachte man mir einen Whisky, den ich als Antialkoholiker wie Wasser hinunterkippte. Erst danach wurde mir klar, was los war. Ein Restaurant kurz vor Rio Gallegos, wo man zu später Stunde noch feierte. Der Wirt begann damit, mir die nasse Kleidung auszuziehen und stellte mir einen Stuhl neben den warmen Holzofen. Als es mir besser ging, brachte mir seine Frau etwas Warmes zu essen. Außerdem hatte sie mir ein warmes Bett gerichtet und mit der Hilfe ihres Mannes brachten sie mich nach dem Essen dorthin. 17 Stunden war ich im Sattel gesessen, aber der Wind war überstanden.

Hinter Rio Gallegos ließ der Wind wahrhaftig nach. Zwar war die Straße nicht asphaltiert, mir war jedoch alles recht, solange ich den Wind los war. Nicht einmal die Tatsache, daß mir eine Speiche nach der anderen brach, und auch nicht der 70. Platten verärgerten mich. Mir genügte für die gute Laune die Vorstellung, Ushuaia bald zu Gesicht zu bekommen.

Ich durfte auf Farmen übernachten, bekam mal ein Zimmer in einer Trinkwasseraufbereitungsanlage, ein anderes Mal beim Zoll. Zu essen gab es meistens etwas am Wegesrand, wo Fischer und Gauchos grillten. Ich kam wieder in Wälder und in Berglandschaften, überquerte noch einen Paß, sah schon den Beagelkanal und am 23. Januar war es soweit. Gegen Mittag erreichte ich per Rad Ushuaia, die südlichste Stadt der Erde, die man über eine Straße erreichen kann. Es war nicht mehr als eine Häuseransammlung mit Kirche, Post und Bank, wo sich 7400 Fischer und Farmer ein Zuhause geschaffen hatten, und doch war es ein phantastisches Ziel.

Ushuaia, nur ein Nest und doch ein großes Ziel

Endlich am südlichsten Punkt der Erde, den man mit einem Rad über eine Straße erreichen kann

Die Tage im Nationalpark »Tierra del fuego« ließ ich ausschließlich meinen Photoapparat sprechen. Worte für diese Naturpracht kannte ich keine.

GASTFREUNDSCHAFT »A LA LATINOAMERICANA«

Per Rad verließ ich am Morgen Ushuaia, wurde jedoch schon sehr bald von einem Auto mitgenommen. Mein Ziel war es, so schnell wie möglich zurück nach Peru zu kommen, um von dort nach Mexiko weiterzuradeln. Die gesamte Strecke zwischen Mexiko und Feuerland geradelt zu sein, wäre die Erfüllung eines Traums gewesen.

Zweimal mußte ich umsteigen, bevor ich am Spätnachmittag, nach 350 Kilometern, an einer Kreuzung abgesetzt wurde. Ich wollte über eine Nebenstraße nach Punta Arenas und von dort zum »Torres del paine« Nationalpark. Wieder mitten in der Steppe von Patagonien, wo der Wind blies und wo, so weit das Auge reichte, weder ein Haus noch ein Mensch, ein Auto oder ein Baum zu sehen war, entschloß ich mich, sofort weiterzuradeln, in der Hoffnung, noch vor Sonnenuntergang ein Auto anzutreffen, das mich zumindest zu irgendeiner Farm mitnehmen würde. Es blieb jedoch »ruhig«. Außer daß der Wind den Steppensand durch die Luft wirbelte, rührte sich nichts. Ich befürchtete schon, wieder eine lange anstrengende Nacht vor mir zu haben, als ich plötzlich an einer Farm vorbeikam, die nur wenige Meter von der Straße entfernt war.

Dort entschloß ich mich, bis Sonnenuntergang auf ein Auto zu warten und sonst den Farmer um Unterkunft zu bitten. Natürlich wartete ich vergeblich.

Als es so dunkel war, daß man in der Farm schon die Lichter angemacht hatte, überwand ich mich, in den Hof einzutreten. Vorsichtig klopfte ich an die schwere Holztür der Farm und wartete. Ich hörte, wie jemand einen Stuhl bewegte, langsam zur Tür schritt und die unverschlossene Tür öffnete. Vor mir stand eine alte Frau und lächelte mich freundlich an.

Ich hatte noch keine zwei Sätze gesagt, als sie mich darum bat, in die Stube zu kommen. Kaum saß ich an dem großen Holztisch, brachte sie mir, ohne etwas zu sagen, eine heiße Suppe. Trotz meines großen Hungers weigerte ich mich, die Suppe zu essen. Die Vorstellung, daß sich die Leute auch noch verpflichtet fühlten, mir etwas zu Essen zu geben, war mir immer sehr unangenehm. Milca, die Farmerin, war jedoch nicht davon abzubringen, und kaum war mein Teller leer, füllte sie ihn mir auch schon wieder und das so oft, bis es mir peinlich wurde, den Teller leer zu essen. Dann bat sie mich, Kaffee zu trinken und von ihren selbstgebackenen Plätzchen zu nehmen.

Während unseres gemütlichen Abendessens durfte ich unentwegt von meiner Reise, meinen Abenteuern erzählen. Begeistert hörte sie zu und schien dafür Verständnis zu haben, daß man Patagonien auch gerne mit einem Rad bereist. Andere hielten mich oft für verrückt, als ich durch die stürmische Ebene Patagoniens geradelt war. Milca schien jedoch zu verstehen, daß es ein unbeschreibliches Abenteuer ist und man trotz der Monotonie auf diesem Fleckchen Erde viel erleben kann. Sie bedauerte auch nicht meine oftmals aussichtslose Lage, sondern wäre am liebsten selber mitgekommen. Sie gestand mir, vieles nicht nachfühlen zu können, war jedoch davon überzeugt, mein Interesse am Erleben zu verstehen. Sie fand das, was ich machte, toll und wollte mir, wenn irgendwie möglich, helfen.

Nach dieser sehr netten Unterhaltung holte sie aus einem Zimmer mehrere Ponchos und bat mich, mit ihr zu kommen. Wir betraten eine kleine Hütte im Hof und Milca erzählte mir, daß es die Hütte der Gauchos sei, wo ich es mir so bequem wie möglich machen sollte. Sie erklärte mir noch die Bedienung der Gaslampe und wünschte mir eine gute Nacht. Als ich warm in Ponchos eingewickelt den Holzgeruch der Hütte genoß, empfand ich auch diesen Tag als das größte Glück auf Erden.

Es waren schon viele Tage seit meiner Abreise aus Lima vergangen, viele schöne Tage, viele unangenehme Tage, aber am Abend gab es immer etwas Schönes zu erleben. Ich bedauerte keineswegs, ohne Zelt zu reisen, wenn auch ohne Zelt meine Abhängigkeit größer war. Dadurch kam ich jedoch fast jeden Abend mit Menschen zusammen und konnte die tagsüber fehlenden Gespräche nachholen. Dabei lernte ich die verschiedensten Leute kennen und begann Lateinamerika von Tag zu Tag mehr zu schätzen. Außerdem war es die schönste Art, eine neue Sprache zu erlernen, da ich, wenn ich nicht nur schweigend herumsitzen wollte, Spanisch sprechen mußte.

Wie weit Gastfreundschaft gehen konnte, erfuhr ich am nächsten Morgen, als ich aufbrach. Ich schob mein Rad aus der Hütte und wollte mich von Milca verabschieden. Als ich in die Stube trat, empfing sie mich mit einem reich gedeckten Tisch. Sie bat mich, Platz zu nehmen und von der Wurst, dem Honig, der Marmelade, dem Käse und dem Schinken zu kosten.

Nach dem Frühstück verschwand sie wieder in einem Zimmer und kam mit einem großen Buch zurück. Sie überreichte es mir und bat mich darum, mich einzutragen. Es war das einzige, was sie als Dank für ihre Gastfreundschaft haben wollte, womit sie mir jedoch nicht viel weniger Freude machte, als sie dabei zu empfinden schien.

Welch ein Buch hatte sie mir da überreicht. Der erste Eintrag war von 1962. Es mußte auch ein Tourist gewesen sein, der zufällig bei dieser Farm um Unterkunft gebeten hatte. Auf über 200 Seiten hatten sich Gäste aus allen Ländern der Erde eingetragen.

Österreichische Wanderer, Tramper aus Frankreich, Deutsche und Schweizer mit VW-Bus, Argentinier, Chilenen, Mexikaner, Neuseeländer, Amerikaner..., alle hatten etwas von sich und ihren Erfahrungen eingetragen, und fast alle lobten die Gastfreundschaft in Lateinamerika. Stolz zeigte mir Milca den Vermerk von einem japanischen Radfahrer, der 1978 ihr Gast war. Er war schon seit mehreren Jahren auf Weltreise und schickte ihr noch immer Postkarten aus der ganzen Welt. Es war ein tolles Gefühl, daß auch ich eine Seite dieses Buches, das schon durch viele glückliche Hände gegangen war, ausfüllen durfte.

Beim Abschied schenkte mir Milca noch eine Hammelkeule und Brot und wünschte mir viel Glück für meine Reise. Sie versicherte mir, daß ich immer willkommen sei, wenn ich mal wieder auf Feuerland sei.

Noch am selben Tag verließ ich Feuerland und erreichte einige Tage später die Abzweigung zum Nationalpark »Torres del paine«.

NATIONALPARK »TORRES DEL PAINE«

Den schnellen Wetterwechsel, für den die Gegend berühmt war, bekam ich wahrhaftig schon nach wenigen Kilometern zu spüren. An der Abzweigung schwitzte ich in der prallen Sonne und eine halbe Stunde später regnete es in »Sturzbächen«. Ich fand nicht mal die Zeit, meine Plastikkleidung überzuziehen und nahm somit ein Vollbad. Andererseits blieb auch keine Zeit, mich darüber aufzuregen, da schon beim ersten Schimpfwort wieder die Sonne schien. Es war jedoch eine kurze Freude, da schon nach wenigen Sonnenstrahlen ein Sturm sein Unwesen trieb. Dieser fand erst wieder seine Ruhe, als erste Schneeflocken vom Himmel fielen.

Sechs Stunden brauchte ich für die 80 Kilometer in den Park hinein und auf den letzten Kilometern zeigte mir die Natur nochmal, was in ihr steckte. Wieder schob ein Sturm schwarze Wolken vor die Sonne. Plötzlich

Der »Torres del paine«-Nationalpark im Morgenlicht

Daß sich der harte Weg zum Nationalpark gelohnt hatte, wurde mir bei jedem Schritt aufs Neue bewußt

wurde es ganz still, es nieselte einige Sekunden, begann zu regnen und dann kam der Hagel. Unzählige kleine Hagelkörner prasselten auf mich nieder, und der eisige Wind dazu blies durch jede Öffnung meiner Kleidung. Da meine leichte Sommerkleidung nicht für derartige Überraschungen konzipiert war, suchte ich nach anderen Möglichkeiten, doch noch Schutz vor der Kälte zu finden. Unter das aufgeweichte T-Shirt wickelte ich meine Schaumgummimatratze, und über die Schuhe und zerfetzten Handschuhe zog ich Plastiktüten. Und als ich alle Mittel zum Schutz ausgeschöpft hatte, kam wieder die Sonne heraus.

Die unentwegten Überraschungen, die einem das Wetter bot, waren nicht ganz ungefährlich. Dies erfuhr ich, als ich schon im Park war. Da die Sicht meistens unter 50 Metern lag, hatte ich vom berühmten Painegebirge noch nichts gesehen. Erkennen konnte ich nur einzelne Seen, mal zu meiner Linken, mal zu meiner Rechten. Deshalb war ich auch nicht verwundert, als ich mich plötzlich auf einer natürlichen Brücke zwischen zwei Seen befand. Als hätte eine Windböe meine Ankunft erwartet, fegte sie mit aller Kraft über den einen See, nahm die oberste Wasserschicht mit und wollte mich in den anderen See stoßen. Da ich mich sofort unter mein Rad schmiß und es mit aller Kraft festhielt, kamen wir beide gerade noch mit einer kalten Dusche davon.

Bis auf die Haut durchnäßt erreichte ich die Hütte eines Parkaufsehers und wäre an diesem Abend durch nichts mehr aus der Hütte zu bringen gewesen. Ich desinfizierte meine Wunden, hängte die gesamte Wäsche zum Trocknen auf und reparierte zwei gebrochene Speichen. Daß sich dieser Ausflug trotz des unangenehmen Aufwandes gelohnt hatte, erfuhr ich in den nächsten Tagen, in denen ich durch den Park wanderte.

NICHT MAL DIE TOTEN WOLLEN IN PATAGONIEN BLEIBEN

Man hatte mich schon davor gewarnt, daß auf der Strecke zu meinem nächsten Ziel in Argentinien, dem Gletscher »Perito Moreno«, der Verkehr fast völlig zum Erliegen kommen würde. Da ich mein Rad hatte, glaubte ich nicht so abhängig von Autos zu sein, wie es ein Rucksacktourist war.

Bis zu einer Minenstadt auf halber Strecke, wo ich bei der Feuerwehr übernachten durfte, ging es auch ganz gut. Als ich jedoch am nächsten Morgen weiter wollte, traf ich an der Ortsausfahrt zwei Franzosen, die schon den zweiten Tag auf ein Auto warteten. Sie erzählten mir, daß am Vortag genau zwei Autos vorbeigekommen waren, diese jedoch nur bis zur nächsten Farm unterwegs gewesen waren. Bis Mittag wollten die beiden noch warten und dann auf den Kohlenzug springen, der sie bis nach Rio Gallegos bringen sollte. Sie rieten auch mir zu diesem großen Umweg und versprachen mir zu helfen, mein Rad auf den fahrenden Zug zu bekommen. Da ich ihren Vorschlag komplizierter fand, als einige Tage in der Prärie zu riskieren, schlug ich das Angebot dankend aus und fuhr hinaus in die Steppe.

In den ersten Stunden tat sich tatsächlich nichts. Es war zwar nur eine unwichtige, miserable Straße, auf der ich dahinrollte, aber stundenlang überhaupt kein Auto zu sehen, war doch ungewohnt. Besonders deshalb freute ich mich, als ich weit hinter mir eine Staubwolke erkannte. Sofort legte ich mein Rad auf die Straße und wartete. Ich sah, wie die Wolke immer größer wurde, erkannte schon die ersten Konturen eines Autos und als mich auch der Fahrer entdeckt haben mußte, stellte ich mich hinter mein Rad und begann mit beiden Armen zu winken. Zwar war es selbstverständlich, daß das Auto vor meinem Rad anhalten mußte, trotzdem freute ich mich, weil ich schon mit einer Mitfahrgelegenheit rechnete. Es war ein langer, schwarzer Wagen, also gab es genug Platz für mein Rad, glaubte ich. Der Fahrer kurbelte sein Fenster herunter und fragte mich sofort, was denn los sei, ob ich Hilfe bräuchte. Etwas kleinlaut fragte ich ihn, ob er mich nicht mitnehmen könnte, ich hätte die Nase voll von Steinen, Wind und Einöde. Betroffen sah er mich an, deutete auf seinen schwarzen Wagen und meinte, er sei schon voll. Ich sagte kein Wort mehr, als ich erkannte, daß ich einen Leichenwagen mit Sarg angehalten hatte.

Enttäuscht machte ich die Straße frei und sah zu, wie die Wolke am Horizont verschwand. Mehr Glück hatte ich mit dem zweiten Auto an diesem Tag. Ein Farmer, der zum Einkaufen nach Calafate, dem Dorf beim Gletscher fuhr, nahm mich mit zu meinem Ziel.

DER »MORENO«-GLETSCHER

Der Moreno-Gletscher, der fast auf Meereshöhe liegt, ist der einzige Gletscher auf Erden, der noch wächst. Täglich schiebt sich die 35 Kilometer lange und 30 Meter hohe Eismasse einige Zentimeter den Berg hinunter, über den »canal de los tempanos«, den Kanal der Eisberge, hinaus, bis zur Halbinsel »peninsula Magellanes« vor. Dabei blockiert sie den Durchfluß vom »brazo rico« zum »canal de los tempanos«, so daß sich das Wasser im »brazo rico« staut, der Wasserspiegel steigt und der Druck ständig zunimmt. In einem fast regelmäßigen Rhythmus von 3 Jahren übt die Wassermasse einen derartigen Druck auf den Gletscher aus, daß er an der Stelle, an der er das Wasser gestaut hat, bricht. Binnen eines Tages schießt eine viele Tonnen schwere Eismasse in den »canal de los tempanos« und ist damit, sicherlich nicht zu Unrecht, eines der größten Naturschauspiele der Erde.

Der Moreno Gletscher, der zu den größten Naturschauspielen der Erde gehört

Leider war der Gletscher schon einen Monat vor meiner Ankunft gebrochen. Trotzdem brechen durch die ständige Bewegung des Gletschers täglich gewaltige Eisberge herab. Dabei stürzen sie donnernd und knirschend ins Wasser, tauchen unter, schießen augenblicklich wieder hervor, richten sich auf, drehen und wenden sich, breiten wuchtige Wellen auf der Wasseroberfläche aus und treiben dann geruhsam über das milchig blaue Wasser, in Richtung »lago Argentino«.

FEIND NUMMER EINS: DIE KRANKHEITEN

Zwei Tage lang saß ich fast unbeweglich vor dem Schauspiel des Gletschers. Ich genoß die Ruhe oft stundenlang, bevor wieder meterhohe Eisberge vom 25 Meter hohen Gletscher in den See stürzten und ein mächtiges Donnern die Stille durchbrach. Die blauweiß glänzenden Eisblöcke stürzten in den See, tauchten unter und schossen sofort wieder hervor. Wenn sie ihre Ruhe gefunden hatten, trieben sie friedlich übers Wasser und waren, wie ich, durch nichts mehr zu stören. Da es in dieser fast vollkommen verlassenen Gegend weder Züge noch Busse gab, erbarmte sich das Militär meiner, und ich erhielt die Erlaubnis, samt Rad 500 Kilometer nach Norden mitzufliegen.

Noch ein letztes Mal erreichte ich eines dieser windigen Dörfer Patagoniens. Als mich jedoch von dort ein Laster bis zur chilenischen Grenze mitnahm, wußte ich, ich hatte Patagonien überstanden.

Hinter der Grenze lag eines der regenreichsten Gebiete der Erde. Dementsprechend sah auch die Landschaft aus, die durch umherziehende Nebelschwaden mysteriös und märchenhaft wirkte. Da ich mich mittlerweile an Regen gewöhnt hatte, zog ich es vor, mir Zeit zu nehmen und obwohl ich naß wurde, in dieser einzigartigen Gegend zu radeln. Zum nur wenige Kilometer entfernten Patagonien war ein himmelweiter Unterschied. Überall grünte es, ich vernahm wieder das Zwitschern der Vögel, das Rascheln der Insekten. Der Regenwald war durchzogen von feinem Nebel. Von den Blättern der Bäume tröpfelten unaufhaltsam Tausende, wie Kristalle leuchtende Wassertropfen, und auf dem Boden wuchsen wilde Blumen, die in Europa nie existiert haben. Über hundert Wasserfälle zählte ich am Wegesrand, bevor ich das ebenso mysteriös in Nebel gehüllte Puerto Aysen erreichte. Von dort aus wollte ich mit dem Schiff zur Insel »Chiloe« fahren. Zusammen mit schweizerischen und israelitischen Freunden, die ich in Aysen kennengelernt hatte, trat ich am Nachmittag die Reise an. Da das Kopfweh, das ich schon seit einigen Tagen hatte, immer schlimmer wurde, war ich froh, untätig an der Reling hängen zu dürfen und wie vorm Fernseher die Vulkane und unzählige Inseln anschauen zu können. Erst spät am Abend, als die Sonne schon untergegangen war, schaltete ich den »Fernseher« aus, und wir bereiteten uns auf eine kalte Nacht vor. Ich zog alles an, was ich dabei hatte und kroch in meinen Schlafsack. Wir lagen geschützt hinter der Reling auf dem Sonnendeck und versuchten, die einzelnen Sternbilder zu erkennen, bis einem nach dem anderen die Augen zufielen.

Ich mußte schon mehrere Stunden geschlafen haben, als mich plötzlich ein Zittern am ganzen Körper aus dem Schlaf holte. Ohne daß ich etwas hätte dagegen tun können, vibrierten Arme und Beine. Dazu kam ein höllisches Kopfweh, das dadurch, daß ich den Kopf nicht ruhig halten konnte, besonders schlimm wurde. In der Annahme zu frieren, rollte ich mich ganz klein zusammen. Mir war jedoch nicht kalt. Da ich etwas unternehmen mußte, entschloß ich mich, unter Deck zu gehen und mir etwas Heißes zum Trinken zu kaufen. Ich schleppte mich an der Reling entlang bis zum Geländer der Leiter, die mich an der Außenwand des

Auf der isola Chiloe. Wie hier mein Krankenhaus ausgesehen hat, kann man sich sicherlich vorstellen.

Schiffes unter Deck bringen sollte. Als ich dann jedoch den Blick ins schwarze Meerwasser keine zehn Meter unter mir warf, wurde mir ganz anders. Bei stark schwankendem Schiff und Beinen, denen ich nicht mehr vertrauen konnte, klammerte ich mich mit beiden Armen ans Geländer und stieg langsam in die Tiefe hinab. Ich spürte schon die Wellen, die mit voller Kraft an die Bordwand klatschten und sah, wie die weiße Gischt über die schwarze See spritzte, als ich endlich das Zwischendeck erreichte und in einen muffigen Gang trat. Dort schliefen, dicht nebeneinander gepackt, viele andere Rucksacktouristen. Ich weckte den Steward und bat, bei 40 Grad Hitze, um etwas Heißes zu trinken. Entweder hielt er mich für verrückt, oder es war tatsächlich unmöglich, mitten in der Nacht etwas Heißes zum Trinken zu machen. Ich bettelte auch nicht lang, sondern bahnte mir gleichgültig den Weg nach draußen und schleppte mich zu meinem Rad auf dem Autodeck.

Dort kramte ich aus meinen Radtaschen Gaskocher und einen Topf hervor und kehrte zum Sonnendeck zurück. Aus Milch und Honig machte ich mir eine heiße Honigmilch. Außer daß mir auch noch schlecht wurde, hatte sich jedoch an meinem Zustand nichts geändert. Deshalb entschloß ich mich, den Rest der Nacht auf dem Zwischendeck zu verbringen. Mit Mütze, Schal und Anorak vermummt und einer Tüte für alle Fälle legte ich mich zwischen die Schlafenden und fand ein wenig Ruhe.

Als wir anlegten, weckte uns der Steward. Ich war zwar wach, konnte jedoch kaum etwas sehen. Außerdem war es unmöglich, durch die Nase zu atmen, und ich glaubte, daß mir jeden Augenblick sämtliche Zähne aus dem Mund fallen würden. Indem ich langsam einen Fuß vor den anderen setzte, erreichte ich das kleine Dorfhospital von Quellon, dem Hafen auf Chiloe. Bis hinein in den Flur des Krankenhauses hing ich an meinem Rad, und erst als mir eine Krankenschwester einen Stuhl brachte, lehnte ich meinen treuesten Gefährten, der mir immer zur Seite stand, gegen die Wand.

Ein sehr freundlicher Arzt stellte 39,8 Grad Fieber fest und nach einem Blick in den Mund und die Augen meinte er: »Sinusitis«, Stirnhöhlenentzündung. Da kein Platz im Krankenhaus war, schickte er mich, mit mehreren Tabletten gegen das Fieber, in ein naheliegendes Hotel und bat mich, in zwei Tagen wieder zu kommen.

In einer kleinen Pension bekam ich ein Doppelzimmer. Sofort holte ich alle Decken aus dem zweiten Bett und kuschelte mich mit der dreckigen Kleidung in das andere Bett. Eingerollt in Decken, Bettlaken, Schlafsack und Handtücher verbrachte ich einige Stunden, vielleicht auch einen Tag, in meinem Zimmer. Das einzige, woran ich mich erinnern konnte, als ich wieder zurück ins Krankenhaus wankte, waren irgendwelche sonderbaren Wahnvorstellungen, die in irgendeinem Zusammenhang mit dem Sturm in Patagonien standen. Daß sowohl Essen als auch Betten im Krankenhaus Mangelware waren, erfuhr ich sehr schnell. Da mich der Arzt unmöglich abweisen konnte, steckte er mich in ein Kinderbett, gab mir einen Tag lang eine Infusion und bat mich, in den nächsten Tagen den Besuchern meiner Zimmergenossen Geld zu geben, damit diese mich von draußen mit Essen versorgen konnten.

Mit viel Obst und Tabletten kam ich wieder zu Kräften. Trotzdem war der Arzt davon überzeugt, daß an eine Weiterreise mit dem Rad kaum zu denken war. Er riet mir, so schnell wie möglich nach Europa zurückzufliegen und dort einen Facharzt aufzusuchen.

Als ich weder das Kinderbett noch die Vorstellung, daß meine Reise zu Ende sein sollte, mehr ertragen konnte, verließ ich das Krankenhaus und kam per Autostopp binnen zwei Tagen zum über 1000 Kilometer entfernten Santiago de Chile zurück.

Wieder wurde ich herzlich von der Familie Schiavetto aufgenommen und mit Hilfe der Deutschen Botschaft fand ich einen Facharzt. Er verschrieb mir starke Medikamente, die mich ans Bett fesselten, nach zwei Wochen hielt er es jedoch für möglich, daß ich meine Reise fortsetzen könne.

MIT 140 STUNDENKILOMETERN NACH NORDEN

Zwei Wochen waren vergangen, und ich hatte mich sehr schnell wieder an das zivilisierte Leben gewöhnt. Ich genoß es, regelmäßig zu essen, immer ein sicheres Bett bereit zu haben, mit jemandem sprechen zu können, wann immer ich wollte oder ganz einfach das Gefühl zu haben, in einer netten Familie Gast sein zu dürfen. Es fiel mir schwer, meine Radtaschen zu packen, nachdem der Arzt mir die Weiterfahrt erlaubt hatte. Plötzlich hatte ich wieder Angst davor, ins Ungewisse zu fahren. Schon die Ungewißheit, wo ich die nächste Nacht verbringen sollte, verunsicherte mich sehr.

Ein halbes Jahr war vergangen, und ein halbes Jahr hatte ich noch vor mir. Als ich der Familie Schiavetto zum Abschied die Hand reichte, wollte ich nicht an das, was mir noch bevorstand, denken.

»Suerte«, viel Glück, rief man mir noch nach und schon verschwand mein zweites Zuhause. Die Straße hatte mich wieder. Ich saß wieder auf meinem Rad und war unterwegs nach Norden.

Kaum hatte ich die Pedalriemen zugezogen, kaum mußte ich ein erstes Mal wieder den Gang wechseln, bremsen, lenken, pedallieren, da waren alle Sorgen verschwunden. Ich war glücklich, wieder frei zu sein.

Da ich es eilig hatte, wollte ich versuchen, per Autostopp nach Norden zu kommen. Immer, wenn ich in meinem Rückspiegel ein Fahrzeug sah, hielt ich beim Fahren den Daumen raus, drehte mich kurz um und sah den Fahrer an.

Ich hatte Glück. Schon sehr bald gab mir ein Lkw-Fahrer Zeichen und hielt mehrere hundert Meter vor mir. Welch ein Monster hatte ich da angehalten. Es war ein gewaltiger Laster mit Anhänger. Sofort half mir Rodrigo, der Fahrer, mein Rad auf den Anhänger zu hieven und bat mich aufzusteigen. Ich durfte es mir auf dem Beifahrersitz einer luxuriösen Truckerkabine bequem machen und war zufrieden mit der Mitfahrgelegenheit.

Als wir uns langsam in Bewegung setzten, erzählte mir Rodrigo, daß er nach Antofagasta, 1000 Kilometer im Norden, unterwegs war. Wenn ich auch dorthin wolle, könne ich mitfahren. Ich wußte nicht mehr so recht, ob ich tatsächlich mit diesem 30 Tonnen schweren Monster dorthin wollte. Tagsüber hatte ich jedoch genug Zeit, um festzustellen, daß es ein Privileg war, auf einem der wenigen Fahrzeuge in dieser Gegend nach Nordchile zu reisen. Also entschloß ich mich, mit Rodrigo zu fahren.

Am Abend hielten wir irgendwo in der Wüste, klappten die Rückbank herunter und hatten zwei bequeme, übereinanderliegende Betten. Dieses Nachtlager hätte ich mir am Morgen nie erträumt.

Als ich am Morgen erwachte, fuhren wir schon. Ich kroch auf meinen bequemen Sitz und genoß den Blick in die Wüste. Draußen war alles in dicken Nebel gehüllt. Während die großen Scheibenwischer den Morgentau von der Scheibe wischten, erkannte man immer mehr von der öden Wüste, die sich kaum von der 3000 Kilometer im Norden liegenden peruanischen Wüste unterschied.

Langsam arbeitete sich der Lkw einen Berg hinauf. Unentwegt rührte Rodrigo im 8gängigen Getriebe herum, kurbelte am Lenker und drückte abwechselnd auf Gas und Kupplung. Man hörte, wie die Kolben im Öl stöhnten. Der Motor ächzte, als würde er bald auseinanderbrechen.

Rodrigo mit seinem 140 km/h schnellen und 30 Tonnen schweren Laster, mit dem er mich über 1000 Kilometer mit nach Norden nahm

»Gib mir Wasser, damit ich Dir später meinen Schatten geben kann«, wird jeder vorbeikommende Autofahrer aufgefordert, so daß manchmal neben den Gräbern von Rodrigos verunglückten Freunden mitten in der trockenen Wüste Bäume wuchsen.

Mit durchschnittlich 15 km/h erreichten wir nach mehreren Stunden den 1500 Meter hohen Paß. Rodrigo war zufrieden, daß wir es noch vor der großen Mittagshitze geschafft hatten, wenn es mittlerweile auch schon sehr heiß geworden war. Die Sonne stand fast senkrecht über uns, und die Wüste zeigte sich in ihrer »vollen Pracht«. Hinter uns lag eine öde Felslandschaft und vor uns die unendliche Weite, durch die unbeirrt geradeaus die schwarze Teerstraße verlief. Wir hatten bis zum Meer eine 100 Kilometer lange Abfahrt vor uns. Nach kurzer Pause stiegen wir wieder auf. Mein Fahrer zog sich die Schuhe aus, gab dem Laster einen kleinen Ruck, nahm den Gang raus, legte einen Fuß links, den anderen rechts neben das Lenkrad und meinte: »Vamos«, los geht's.

Noch bevor ich verstand was los war, blockierte die Tachometernadel am Stift 125 km/h. Stolz verkündete Rodrigo. daß wir ca. 140 Kilometer schnell fahren und dies sollte sich in der nächsten Dreiviertelstunde kaum ändern. Unaufhaltsam schossen wir den Berg hinunter und außer Sand und Autowracks konnte ich am Straßenrand nur immer wieder viele kleine Kreuze erkennen. Zu fast jedem dieser Kreuze kannte Rodrigo eine Geschichte. Noch bevor ich das Kreuz erkannte, zeigte er hinaus in die Wüste und begann zu erzählen: »Ach ja, hier geriet mein Freund Alfonso ins Schleudern, und dort, siehst du, dort war Tomaso mit einem anderen Lkw frontal zusammengestoßen.« Als im selben Moment ein Lkw entgegenkam, blieb mir fast das Herz stehen, was Rodrigo sehr lustig fand. Er fragte mich, ob ich Angst habe. Dabei gab er seinem Freund ein Zeichen mit der Lichthupe, das dieser erwiderte und meinte dann beruhigend, ich bräuchte keine Angst zu haben, er sei ein sicherer Fahrer.

Plötzlich mußte er gähnen und hielt sich die linke Hand vor den Mund. Mir blieb fast das Herz stehen, als mir bewußt wurde, daß sein einziger Einfluß auf den rasenden Laster seine rechte Hand war. Dann streckte er sich und meinte gähnend: die meisten seiner verunglückten Freunde seien hinter dem Steuer eingeschlafen, was bei dieser monotonen Strecke auch nicht verwunderlich sei. Deshalb habe er mich auch mitgenommen, erklärte er mir, ich sei die ganze Strecke sein Gast und es sei selbstverständlich, daß er mich zu allen Essen einlade, als Gegenleistung müsse ich ihn unterhalten, damit nicht auch er am Steuer einschlafe. Als wir am nächsten Abend in Antofagasta ankamen, war ich nicht nur physisch kaputt, sondern auch heiser. Mein Bedarf zu sprechen war für die nächsten Wochen gedeckt.

Da die Zeit drängte, besuchte ich kurz die »plaza« und wollte versuchen, noch am selben Abend weiter nach Norden mitgenommen zu werden. Als ich an der Stadtausfahrt jemanden traf, der auch versuchte, mit dem Finger im Wind weiterzukommen, hielt ich meine Chancen, mitgenommen zu werden, für ziemlich gering. Ich befolgte das Gesetz unter Autostoppern und postierte mich hinter dem anderen. Als ein Auto kam, sprang ich schnell aufs Rad, versuchte einen sehr erschöpften Eindruck zu machen und hielt den Finger raus. Ich wollte schon wieder absteigen, als ich sah, wie das Auto weit vor mir hielt. Wie vom Blitz getroffen, radelte ich los und hielt vor einem etwas verunsicherten Autofahrer. Dieser sah mich prüfend an, half mir dann jedoch, mein Rad zu verladen und bat mich, einzusteigen.

Patricio gestand mir, daß ich der erste Autostopper war, den er mitnahm. Mich hatte er nur mitgenommen, weil er einen Radfahrer für ungefährlich hielt.

Patricio arbeitete in Chuquicamata, der größten offenen Kupfermine der Welt. Er machte mir das Angebot, bei seiner Familie zu übernachten und mir am nächsten Tag die Mine zu zeigen. Für mich gab es plötzlich keinen Grund mehr, dieses Angebot und den damit verbundenen Umweg nicht anzunehmen, und so besuchten wir am nächsten Tag diese beein-

Chuquicamata, die größte offene Kupfermine der Erde

Das »Mondtal« in der trockensten Wüste der Erde, der »Atacamawüste«

druckende Stätte. Er freute sich über meine Begeisterung und lud mich noch eine weitere Nacht ein. Die Familie meines Gastgebers wollte, daß ich auch noch die »valle de la luna«, das Mondtal, kennenlerne. Da der Weg dorthin für Autos unpassierbar geworden war, gab er mir eine gute Landkarte und erklärte mir, wie ich mein Ziel finden könne. Eine gut asphaltierte Straße führte mich an der trockensten Wüste, der Atacamwüste, vorbei. Welch ein Gegensatz war diese Wüste, in der es noch nie geregnet hat, zu Südchile, wo es bei Puerto Aysen täglich regnete. Auf einer mit Steinen markierten Sandstraße kam ich in eine sehr hügelige Gegend. Dort traf ich zwei Amerikaner, die mit ihrem Allrad-getriebenen Rover nicht mehr vorankamen. Verunsichert durch die Vorstellung, alleine weiter vorzudringen, begann ich mein Rad über die sandige Piste zu tragen. Teils radelnd, teils schiebend und tragend, erreichte ich das Mondtal. Es war eine Landschaft aus Sand und Salz. Riesige Flächen waren mit weißen Salzteppichen bedeckt, dazwischen standen wuchtige Gebilde, die in Jahrtausenden durch den Wind geformt worden waren, und im Hintergrund erkannte man die Andenkette mit den schneebedeckten Vulkanen. »Mondlandschaft« war in der Tat der richtige Name.

Am nächsten Tag brachte mich Patricio zur Panamerikana zurück, wo mich nach einer Stunde das erste Auto mitnahm. Es war ein ausgebauter 2 CV, in den ich mein Rad nur hineinbekam, indem ich den Lenker verdrehte und das Vorderrad herausnahm.

Ob ich denn verrückt sei, wollte der Fahrer wissen, als wir mit dem Auto über zwei Stunden brauchten, um die nächste Ortschaft zu erreichen. Er hatte sich für mein Leben verantwortlich gefühlt und mich deshalb in seinem kleinen Auto mitgenommen.

Nach 600 Kilometern erreichten wir Arica, die nördlichste Stadt von Chile. Ich hatte die Wüste überstanden, denn von dort aus sollte es wieder in die Berge gehen.

Die 2000 Kilometer von Santiago bis nach Arica waren für die meisten Touristen, die ich traf, eine Tortur. In klimatisierten Bussen hakten sie diese Gegend so schnell wie möglich ab und begaben sich lieber in den Süden Chiles.

Daß es mehr als nur eine Gegend zum Abhaken war, erfuhr ich dank der Autofahrer, mit deren Kommentaren zum Land ich nicht nur einmalige Eindrücke gewann, sondern die mir auch so manch einen Teil von Chile zeigten, den ich dem Hören nach niemals so erwartet hatte.

NUR BILDER IN TRÄUMEN KÖNNEN PHANTASTISCHER SEIN

Mein nächstes Ziel war der lago Chungara, der höchstgelegene See der Erde, der auf 4660 Metern an der Grenze zu Bolivien liegt. Gegen eine geringe Gebühr nahm mich am nächsten Tag ein Autofahrer fast bis nach Putre mit. Innerhalb weniger Stunden ging es von Meereshöhe auf 2500 Meter. Während morgens noch die Sonne unaufhörlich herunterbrannte, klatschte abends der Regen gegen die Fensterscheiben. Im Auto störte mich jedoch weder der Regen noch die Höhe. Zwar war ich ohne Akklimatisierung schnell in die Berge gekommen, solange jedoch das Auto alle Arbeit leistete, störte mich die Höhe nicht. Erst als ich die letzten 800 Höhenmeter nach Putre radeln mußte, bekam ich die ersten Probleme wegen der Höhe. Kopfweh und leichte Atemnot zwangen mich öfters anzuhalten.

Von Putre waren es noch 50 Kilometer bis zum »lago Chungara«, 60 Kilometer nach Bolivien und ca. 200 Kilometer zu meinem großen Ziel, nach Oruro. Ich hatte noch vier Tage bis zu dem Wochenende, an dem in Oruro jedes Jahr der folkloristischste Karneval Lateinamerikas präsentiert werden sollte. Ich war sehr zuversichtlich, die Strecke in dieser Zeit ohne weiteres noch zu schaffen.

Am nächsten Morgen klingelte um 6.00 Uhr mein Wecker. Ein Blick aus dem Fenster und ich war hellwach. Ein stahlblauer Himmel überdachte das in ein Tal eingebettete Putre. Im Norden war es umgeben vom schneebedeckten Nevado de Putre, an dessen Hang die Indios unzählige Felder errichtet hatten. Während sie die Schafe durch die Morgenkälte trieben, begann ich meinen Aufstieg zum See. Schon nach wenigen Metern ging mir die Luft aus. Also setzte ich mich, knackte ein paar Nüsse, schmierte mir ein Honigbrot und frühstückte. Dabei hielt ich alles bereit, damit ich jederzeit auf ein Auto hätte springen können. Ich war davon überzeugt, daß mich bald jemand mitnehmen würde.

Nach dem Frühstück begann ich zu schieben. Langsam brachte ich eine Kurve nach der anderen hinter mich. Immer wieder fiel mein Blick auf die nächsten Kurven und immer wieder lag eine ausgedehnte Steigung vor mir. Als ich wieder etwas Energie angesammelt hatte und der Schrei nach Sauerstoff in den Lungen stecken blieb, versuchte ich wieder zu radeln. Wieder ging mir die Luft aus, wieder begann ich zu schieben, wieder löffelte ich Honig und wieder begann ich zu radeln. Gegen Mittag kamen Wolken auf. Ich schob und radelte immer noch. Am Spätnachmittag hatte ich dann die Hoffnung auf ein Auto aufgegeben, mußte jedoch das Schlimmste schon überstanden haben. Das Hochplateau des »Lauca Nationalparks« war bereits erreicht.

Um mich herum waren große schwarze Wolken aufgezogen. Drohend grenzten sie die 6000 Meter hohen Schneeberge gegen den Himmel ab. Riesige Pfützen ließen darauf schließen, daß sich die Wolken in letzter Zeit mehr als einmal entleert hatten. Das sonst so trockene Altiplano stand plötzlich in voller Blüte und war lebendiger. Immer mehr Alpacas, Lamas und scheue Vicunas waren beim Grasen zu sehen.

Mittlerweile kam ich nur noch durch Schieben voran. Selbst auf der flachen Straße mußte ich schieben, weil es unmöglich war, genug Sauerstoff zum Radeln zu bekommen. Mein Kopf dröhnte und mein Herz schlug so schnell, daß mein Körper zu vibrieren begann. Wäre mir ein Auto entgegengekommen, ich wäre zurück nach Putre gefahren. Erst jetzt nahm ich die Warnung von »Soroche« ernst. Erst jetzt, nachdem ich innerhalb von zwei Tagen von 0 auf 4660 Meter gekommen war, erfuhr ich, was Höhenkrankheit bedeutete.

Zum Glück erreichte ich ohne Zwischenfall den Chungarasee, wo ich mich erstmal in die Hütte des Parkaufsehers am Ufer des Sees begab. Ich durfte mich sofort auf ein Bett legen und bekam »mate de coca«, einen Tee aus Cocablättern, angeblich gut gegen die Höhenkrankheit. Der Parkaufseher erlaubte mir, die Nacht in der Hütte zu verbringen, auch wenn dies ohne offizielle Genehmigung normalerweise nicht möglich war.

Erst als es dunkel war und ich ein wenig geruht hatte, ging es mir wieder besser. Wir schmierten uns ein paar Brote und ein jeder begann zu erzählen.

Wie immer, wenn ich bei fremden Leuten schlief, holte ich meine Postkarten hervor und erzählte von Luxemburg, von Europa, von der Welt, die die meisten Lateinamerikaner nur vom Hören-Sagen kennen. Fast immer hörte man mir mit großem Interesse zu, stellte Fragen und begann selber zu erzählen. Dadurch erfuhr ich zu all dem, was mir schon wie ein Traum vorkam, noch Dinge, von denen ich weiterhin nur träumen konnte.

»Luxemburgo« versuchte ich zu erklären, so groß wie der lago Titicaca, sehr entwickelt, viel Landwirtschaft, viel Industrie, ein sehr hohes Lebensniveau, sehr grün, keine Berge, vier Jahreszeiten, kein extremes Klima ...

Dann begann mein Gastgeber von den riesigen Flamingoherden zu erzählen, die vor kurzem zu Tausenden den Chungarasee verlassen hatten und in der kälteren Trockenzeit ein wärmeres Gebiet aufsuchten. Er erzählte von den Lamas, die zu bestimmten Jahreszeiten Tausende von Lamababys gebären, von Wanderungen zu Geysiren, von Besteigungen der

Der Frieden auf Erden im Lauca-Nationalpark

Morgenstimmung am Chungarasee (4300) mit dem Vulkan Sajama

Vulkane, von den scheuen Vicunas, die in bestimmten Gebieten in riesigen Herden leben. Zwei Jahreszeiten gäbe es hier oben, erklärte er mir, Regenzeit und Trockenzeit. Über den Lebensstandard konnte er nichts erzählen, man lebte mit der Natur. Industrie gab es keine. Ein paar Indios lebten als Landwirte. Sie schoren die Lamas, um Wolle zu gewinnen, ansonsten waren Menschen hier oben sowieso eine Seltenheit. Besonders in den vergangenen drei Wochen hatte er kaum jemanden gesehen, da der Regen die Straße nach La Paz zerstört hatte und somit der Transitverkehr völlig zum Erliegen gekommen war.

Erst jetzt verstand ich, warum ich den ganzen Tag über keinem Auto begegnet war und eine Radwanderung hatte machen müssen.

Wegen Soroche hatte ich die Nacht über extreme Schlafschwierigkeiten, und als ich am Morgen endlich eingenickt war, hörte ich plötzlich, wie der Parkaufseher aus seinem Zimmer meinen Namen rief: »Patricio, Patricio, el sol«, die Sonne. Sofort sprang ich aus meinem Bett, hängte mir den Poncho, unter dem ich nachts geschlafen hatte, über und rannte aus der Hütte.

Kaum hatte ich die Tür aufgestoßen, kam mir schon die Kälte entgegen und drang vor bis zur nackten Haut. Daß jedoch alles andere in diesem Augenblick wichtiger war, erwies sich beim ersten Anblick der Natur. Wie ein Spiegel lag vor mir der Chungarasee. Mir gegenüber, am anderen Ufer, erhob sich der fast ganz mit Schnee bedeckte Vulkan Parinakota mit seinen 6500 Metern. Der Himmel war wolkenlos und die Luft so klar, daß man glaubte, man könne über den See greifen und vom Vulkan Schnee herunterholen.

Der Parkwächter hatte mich keine Minute zu früh geweckt. Während die Luft im ersten Augenblick noch klar war, entstand schnell ein Flimmern. Die Luftpartikel gerieten in Bewegung. Es wurde sehr schnell heller, und schon rannte ich los. Jeden Moment sollte die Sonne aufgehen und der Natur ihr Licht schenken. Diesen Anblick wollte ich von einem naheliegenden Hügel erleben und versuchte so schnell als möglich dorthin zu gelangen. Kaum war ich oben, begann auch schon das Schauspiel. Hinter dem Vulkan begann sich der Himmel zu verfärben. Aus dem Schwarzblau wurde immer mehr ein Orange. Der Vulkan begann zu leuchten, als wolle er augenblicklich ausbrechen. Das Orange verwandelte sich zu einem grellen Gelb, als plötzlich erste Sonnenstrahlen über das Bergmassiv hinwegschossen. Sie verdrängten die eisige Kälte und stürzten in den Chungarasee. Der schwarze Spiegel begann nun zu leuchten und zu flimmern. Es ging jedoch keine feurige Lava im Wasser unter, sondern das Licht breitete sich auf dem See aus, verwandelte ihn in einen grellen gelben Spiegel, bei dessen Anblick ich die Augen zukneifen mußte. Wieder rannte ich los zum Seeufer, um dies Naturereignis noch ein zweites Mal von unten zu erleben. Es war leider zu spät und die Sonne war endgültig hinter dem Vulkan hervorgekommen. Dafür durfte ich am Seeufer das Erwachen der Natur miterleben. Hunderte von Enten waren erwacht und schwammen hinaus auf den See. Als ich am Ufer entlangspazierte, sah ich noch einige rosa Flamingos, die sich bei meinem Anblick sofort erhoben und auf den See hinausglitten, um irgendwo weit weg wieder ihre Ruhe zu finden.

WO DIE ZEIT NOCH STEHT UND NUR EIN FAHRRAD ROLLT

Nach einem stärkenden Haferflockenbrei brach ich auf nach Bolivien. Unter fast wolkenlosem Himmel radelte ich über einen 4800 Meter hohen Paß und entschwand dahinter dieser Zauberwelt. Als ich mittags am Zollhaus war, traf ich dort einen kleinen bolivianischen Jungen. Er erzählte mir, daß sein Vater, der Zöllner, unten im Dorf sei, um dort den Karneval zu feiern. Dort fand ich ihn auch, mit einem Glas Chicha, dem alkoholischen Maisgetränk, in der Hand. Im Rausch bat er mich, doch bitte am nächsten Tag zur Grenze zu kommen, um mir dort den Einreisestempel abzuholen. Sofort wandte ich ein, daß dies nicht möglich sei, da ich so schnell wie möglich nach La Paz zur Deutschen Botschaft müsse. Hätte ich ihm von meinem Ziel Oruro erzählt, hätte er mir sicherlich meinen Paß, den er in der Hand hielt, nicht zurückgegeben, da er kein Verständnis dafür gehabt hätte. Jedoch selbst mit der Drohung, mich auf der nächsten Polizeistation auf ihn zu berufen, konnte ich ihn nicht dazu bringen, mit mir zur Grenze zurückzugehen. Wortlos zog ich weiter, mit dem Vorsatz, mir auf der nächsten Polizeistation einen Stempel geben zu lassen. Außer daß ich durch einen ein Meter tiefen Fluß, in dem ein Bus steckengeblieben war, waten mußte, gab es mit der Straße noch keine größeren Probleme. Dafür dröhnte jedoch mein Kopf, obwohl ich mich »nur noch« auf 4000 m ü.M. befand, unaufhörlich weiter, und die Atemnot ließ mich kaum mehr radeln. Mehr schleppend als gehend erreichte ich das nächste Dorf. Auf einem großen Platz tanzten und feierten die Dorfbewohner. Wer nicht tanzte, saß oder lag auf dem Boden herum, umstellt von Gläsern und Flaschen mit Chicha. Masken gab es keine, aber welche Maske wäre schöner gewesen als die ausnahmslos typische Tracht der »noch nicht vermarkteten« Indios. Wieder hatten die extrem ernst wirkenden Campesinos Boliviens einen Grund gefunden, um zu feiern und zu lachen. Selbst ein gebrechlicher Bauer tanzte mit seiner Frau an der Hand über die »plaza«. Karneval war der Appell, alle Sorgen zu vergessen, den Alltag auf sich zukommen zu lassen, und in der Tat schien sich hier außer mir niemand zu sorgen. Neben meinen Problemen mit der Höhenkrankheit mußte ich auch noch feststellen, daß alle Läden leer waren und es außer ein paar Maisfladen nichts zu essen gab. Nicht nur die Versorgung aus La Paz war wegen den kaputten Straßen seit längerer Zeit ausgefallen, sondern auch die Felder standen mal wieder unter Wasser, so daß die Ernte sehr dürftig ausgefallen sein mußte. Die Gleichgültigkeit, mit der man diesem Problem gegenüberstand, war für mich nur so zu erklären: Ein jeder wußte, daß es zumindest in dieser Gegend allen gleich ging. Fernseher oder Radios, die einem die heile Welt von draußen in die Lehmhütten hätten bringen können, gab es nicht. Verkehrsmittel, welche die Verbindung nach draußen herstellten, waren nicht nur seit drei Wochen ganz ausgefallen, sondern durften auch unter normalen Bedingungen eine Seltenheit sein. Und wenn jemand vorbeikam, wußten nur die wenigsten, woher er kam und wohin er wollte.

Große Freude hatten die Menschen in den Dörfern bereits, als sie mein Rad anfassen durften. Dabei lachten sie mir zu und murmelten etwas auf »Quetschua«, der alten Inkasprache. Wie anders war hier die Dritte Welt, im Vergleich zu dem, was man sonst oft im Fernsehen sieht. Es war nicht die Armut der Großstädte mit den Slums und es waren nicht Bewohner von Dörfern und Städten, die mich als Ausbeuter und Imperialisten abstempelten, sondern Menschen, die für mich neu waren und für die auch ich nicht zum täglichen Bild gehörte. Wurde ich in den Touristenzentren oft mit Steinen und Obst beworfen, so bot man mir hier Chicha und Maisfladen an. Meine Bedenken vor der Abreise von Luxemburg, irgendwo in der Abgeschiedenheit überfallen, beraubt und verbuddelt zu werden, erwiesen sich als übertrieben. Viele Vorstädte Europas wären diesbezüglich gefährlicher gewesen. Meine einzige Sorge, die hier immer größer wurde, war meine Gesundheit.

In einem größeren Dorf hatte ich jedoch wieder mal Glück. Zwar konnte ich mir noch immer keinen Stempel holen, da die Polizei unauffindbar im Getümmel des Karnevals verschwunden war, dafür hieß es jedoch, daß noch am selben Tag ein Lkw mit Nahrung von der nächsten Stadt kommen sollte und auf dem Rückweg Leute mitnehmen wollte.

Der Laster kam tatsächlich, wurde so schnell wie sicherlich selten zuvor abgeladen und wer wollte, konnte gegen Bezahlung mitfahren.

Karneval in einem abgelegenen bolivianischen Andendorf

Der Preis war horrend und trotzdem war der Laster genauso schnell voll, wie er entleert worden war. Während ich mein Rad hinten auf das Trittbrett schnürte, flogen Kisten, Körbe, Säcke... auf die Ladefläche. Dem Gepäck folgten Kinder, Frauen, Greise... und wer zu unbeholfen war, um selbständig in die Ladefläche zu klettern, wurde lachend von den anderen noch oben gedrückt oder hinaufgezogen, und wer zu klein war, wurde unter den Arm geklemmt oder auf den Rücken geschnürt.

Als ich mit einem letzten Knoten mein Rad befestigte, um dann selber in den Laster zu klettern, da war schon alles hoffnungslos überfüllt. Also blieb mir und zwei anderen bei Abfahrt nichts anderes übrig, als uns hinten auf das Trittbrett zu stellen und uns am Rad festzuklammern.

Es war ein tolles Gefühl, in dieser einmaligen Stellung über die Stein- und Sandstraße zu fegen. Immer, wenn wir durch Pfützen rasten, spritzte es nach allen Seiten, war die Straße wieder trocken, zogen wir eine lange Staubwolke hinter uns her. Was zuerst ein toller Spaß war, wurde von Stunde zu Stunde immer mehr zu bitterem Ernst. Während wir anfangs noch widerstandsfähig gegen die ständigen Schläge bei jedem der unzähligen Schlaglöcher standhielten, verließen uns gegen Abend die Kräfte. Außerdem standen wir mittlerweile schon zu fünft hinten auf dem Trittbrett und klammerten uns teils aneinander, teils an Fahrrad und Rückwand des Lasters.

Je müder wir wurden, um so schlechter wurde auch noch die Straße. Die Schlaglöcher wurden immer größer und tiefer, so daß wir immer öfter und immer höher federten. Außerdem ging es bergauf und bergab, wobei bei jeder Steigung alle Männer absteigen und schieben mußten und immer wenn der Boden schlammig war, mußten wir aussteigen, nebenherlaufen und Büsche unter die großen Räder werfen.

Die Sonne war schon untergegangen und noch immer war kein Ziel in Sicht. Um meine völlig überforderten Beine zu entlasten, stützte ich mich auf mein Rad, mußte diese Stellung jedoch sehr schnell wieder aufgeben, da ich dabei fast vom Laster gestürzt wäre. Lange hätte ich es nicht mehr ausgehalten, mich aufrecht zu halten, als der Laster zum Glück anhalten mußte. Wir waren schon über sechs Stunden unterwegs gewesen, und es war mittlerweile dunkel geworden. Ich sprang ab und setzte mich auf einen großen Stein. Von dort erkannte ich den Grund für unser Halten. Im Mondschein war vor uns eine riesige Pfütze zu erkennen, die sich über die ganze Straße ausbreitete. Nachdem der Fahrer die Pfütze untersucht hatte, wandte er sich an die Fahrgäste und verlangte, daß alle abstiegen, ansonsten sollte nach seiner Meinung die Pfütze nicht zu durchqueren sein. Sofort brach unter den Frauen im Laster ein Geschimpfe los. Während die Männer schon damit beschäftigt waren, Büsche, Holz und Steine herbeizuschleppen, weigerten sich die Frauen, auch nur einen Fuß aus dem Wagen zu nehmen. Als der Fahrer es für aussichtslos hielt weiterzubitten, zog er verbittert seine Stiefel aus und begann, allen voran, barfuß durch die Pfütze zu waten. Dann bat er uns, ihm im Gänsemarsch zu folgen und den Boden möglichst fest zu treten. Als die andere Seite der Pfütze erreicht war, ging es im Gänsemarsch wieder zurück, und während wir noch kräftig stampften, machte der Fahrer den Lkw startklar. Er ließ erst den Motor mehrmals aufheulen und dann die Kupplung sausen. Wie ein Schiff, dem man beim Stapellauf den Haken löst, raste das Fahrzeug los in die knietiefe Pfütze. Sofort verschwanden die Räder im Wasser und es spritzte nach allen Seiten. Der Wagen wackelte bedenklich herum und unsereiner konnte nur die Daumen drücken, daß alles gut gehen möge. Doch plötzlich gab es einen lauten Knall und danach herrschte Stille, bis der Fahrer fluchend aus dem Laster sprang. Er tobte wie ein wilder Stier und schimpfte auf die Frauen, die unbedingt sitzen bleiben wollten. Als er seine Luft abgelassen hatte, begab er sich vor den Laster, riß die Kühlerhaube auf und holte etwas hervor. Ich staunte nicht schlecht. Es war eine gewaltige Kurbel, mit der man früher die Autos angeworfen hatte. Er setzte sie

Als ich die Höhenkrankheit »Soroche« bekam, mußte ich auf einen Lastwagen steigen

Unfreiwilliger Parkplatz auf bolivianischer Landstraße

Radständer überflüssig

an, kurbelte einmal fest und schon heulte der Motor auf. Sofort schlug er die Kühlerhaube zu, sprang zurück in die Kabine, legte den ersten Gang ein und schon raste der Laster los. Erst blieb uns allen die Spucke weg, dann brach jedoch ein stürmischer Beifall aus.

Nach sieben Stunden Fahrt für 70 Kilometer waren alle froh, endlich in Corocoro anzukommen.

Ich verbrachte die Nacht auf dem Dachboden eines Restaurants und war froh, das es mir am nächsten Morgen gesundheitlich wieder besser ging. Nach dem Frühstück holte ich mir bei der Polizei noch den Stempel und brach dann auf zur letzten Etappe nach Oruro. Jedoch schon wenige Kilometer hinter Corocoro hielt ich meinen Plan, bis zum Abend nach Oruro zu kommen, für aussichtslos. Im Vergleich zu den Lastern, die bis zum Dach im Schlamm steckten, ging es mir zwar relativ gut. Das Vorankommen sollte jedoch sehr mühselig werden.

Barfuß drückte und zog ich mein Rad über die Schlammstraße. Wenn ein Fluß kam, mußte ich es auf den Rücken nehmen und es ans andere Ufer tragen. Mehrmals mußte ich die Flüsse erst auf ihre Tiefe testen, alles vom Rad abmontieren und dann ein Teil nach dem anderen auf die andere Seite schleppen. Es vergingen Stunden mit diesem Spielchen, bei dem ich meinen treuesten Gefährten mal tragen, mal schieben mußte und immer seltener in seiner sinngemäßen Eigenschaft nutzte.

Ich wußte nicht mehr, wo ich war, noch wie weit es war, als ich am Abend vor einer provisorisch errichteten Brücke stand. Ein Laster auf der anderen Seite, der die Brücke unmöglich hätte überqueren können, war dabei, umzudrehen. So schnell es ging, balancierte ich über einen der zwei Holzbalken und durfte mit zur Hauptstraße fahren. Damit war es also doch noch geschafft und um Mitternacht Oruro erreicht.

DER KARNEVAL VON ORURO

Pünktlich um 10.00 Uhr begannen am nächsten Tag die Darbietungen des folkloristischsten Karnevals Lateinamerikas. Tausende von Lateinamerikanern waren von überall angereist, um ihre Masken und Gewänder zu zeigen. Daß sich der harte Weg über die Berge gelohnt hatte, wurde mir beim Anblick jeder einzelnen Maske aufs neue bewußt. Unter dem blauen Himmel der Anden tanzten die Teufels-, Schlangen-, Frosch- und Adlermasken nach den Klängen der Panflöten und Charangos. Viele Schausteller hatten sich zu Gruppen zusammengeschlossen, bildeten eine bunte Einheit, zeigten eine solidarische Zusammengehörigkeit oder demonstrierten durch ihre Zusammenstellung eine geschichtliche, soziale oder politische Begebenheit.

Zum Beispiel erschienen bewußt zuerst als spanische Konquistadores und Pfarrer verkleidete Indios und im Anschluß daran eine als Inkas verkleidete Gruppe. Damit wurde der Untergang des Inkareiches und der Religion der Inkas, bedingt durch die Eroberer und die katholische Kirche, symbolisiert. Genauso sollte auch der Kinderkarneval am nächsten Tag nicht nur ein reines Freudenfest sein, sondern auch die Probleme Boliviens aufzeigen. Wie zum Beispiel der kleine Nano, der nur mit Zeitungspapier bekleidet war und damit auf die schlechte wirtschaftliche Lage in seinem Land hinweisen wollte.

Das große religiöse Fest am letzten Abend war ein Beweis dafür, daß im katholischen Bolivien noch sehr viel seiner einstigen Religion steckt. Es war ein Bruchteil dessen, was vom alten Bolivien übrig geblieben ist. Es gehört zu dem wenigen, was heute nicht auf andere Zivilisationen zurückzuführen ist.

Im Alkoholrausch von Bier, Whisky und Chicha endete der Karneval.

DER KARNEVAL VON ORURO

RELIGION: religiöse Zeremonie nach altem Brauch

POLITIK: Nano, der nur noch Zeitungspapier hat, um sich zu bekleiden, demonstriert die Armut seines Landes

GESCHICHTE: Eroberer und Kirche, die dem mächtigen Inkareich ein Ende bereiteten

MISSGESCHICK BEIM GRENZGANG

Der nächste Tag war wieder Alltag. Die einen gingen zur Arbeit, und ich wollte wieder radeln. Von Oruro aus sollte es zurück nach Peru gehen, wo ich sechs Monate vorher meine Reise begonnen hatte. Diesmal wollte ich in Peru bessere Erfahrungen machen, empfand jedoch ein Mißgeschick an der Grenze schon als ein schlechtes Zeichen. An der ersten Kontrollstelle, noch auf bolivianischer Seite, erwiesen sich all meine Papiere als ordnungsgerecht. Von dort schob ich mein Rad zur Schranke und fragte einen Polizisten, was ich noch machen müsse, um nach Peru ausreisen zu können. Der Betrunkene bat mich mitzukommen. Ich begleitete ihn in sein Büro und gab ihm auf Verlangen meinen Paß. Den sah er sich an und meinte: »10 Dollares porfavor.« Ich verstand nicht, wofür ich 10 Dollar hätte zahlen müssen und weigerte mich mit dem Argument, daß der Aufenthalt in Bolivien gebührenfrei sei. Grinsend erwiderte der Polizist mir: es sei keine Gebühr, sondern eine Strafe dafür, daß ich Bolivien illegal verlassen wollte. Ich hätte mir den Ausreisestempel holen müssen und erst dann zur Schranke kommen dürfen. Das Büro dafür sei nämlich eine Tür weiter vorne. Das ist doch verrückt, meinte ich und wollte ihm meinen Paß entreißen. Den legte er jedoch sorgfältig in eine Schublade und verlangte wieder die 10 Dollar. Im selben Moment kam der Zollbeamte herein und ich erzählte ihm, was geschehen war. Jetzt forderte auch er den Polizisten auf, mir meinen Paß zurückzugeben und drohte damit, alles dem Polizeichef zu erzählen. Er erinnerte ihn daran, daß die Anweisung bestand, den Touristen an der Grenze keinen Ärger zu machen. Da der Polizeichef jedoch erst am nächsten Tag wieder kommen sollte, waren wir beide machtlos gegen den Polizisten. Mit der Bitte, bis zum nächsten Tag zu warten, ging der Zollbeamte wieder zurück in sein Büro.

Da ich unter keinem Umstand warten wollte, begann ich wieder auf den Betrunkenen einzureden und log ihm vor, daß mein Vater in La Paz bei der deutschen Botschaft arbeiten würde und dieser Zwischenfall, außer einer Kündigung, auch noch weitere Folgen haben könnte... Ich war erstaunt, als ich die Wirkung dieser Lüge erkannte. Der Polizist lächelte freundlich, griff in die Schublade und gab mir meinen Paß zurück.

Die peruanischen Zöllner ließen mich ohne größeren Aufwand passieren, und kurz nach der Grenze nahm mich ein peruanischer Tierarzt mit nach Juliaca.

Es war das zweite Mal, daß ich mich in Juliaca befand, um von dort nach Cuzco zu fahren. Das erste Mal reiste ich mit dem Zug und ließ mein

Rad im Hotel zurück. Diesmal war es mein großes Ziel, dieselbe Strecke, die für ihre schöne Natur bekannt ist, mit dem Rad zurückzulegen und von Cuzco sogar mit dem Rad über die Berge nach Nazca zu reisen. Genau diese 1000 Kilometer fehlten mir noch auf der 10000 Kilometer langen Radreise zwischen Lima und Feuerland.

EIN RAD: DAS IDEAL

Schon damals, als ich vom Zug aus immer nur eine Seite der Landschaft sah, war ich von der Strecke zwischen Juliaca und Cuzco überwältigt gewesen. Ich bedauerte jedoch sehr, daß ich mit den Däninnen überall nur schnell vorbeifuhr und wenn wir aussteigen wollten, uns nicht einig wurden. Somit landeten auch wir, wie alle anderen, mitten im Touristenzentrum Cuzco. Deshalb wollte ich diesmal, besonders auf dieser Strecke, alle Vorteile, die mir mein Rad bot, nutzen.

Beim Verlassen von Juliaca wurde ich erst mal mit den Nachteilen meines Rades konfrontiert. Es regnete, und beim Radeln drang trotz Regenschutz die Nässe langsam durch.

Wie die Einheimischen, die per Rad nach Norden unterwegs waren, so radelte auch ich auf einem schmalen Pfad, der parallel zur Straße an den Bahngleisen entlang verlief. Ich hielt mich zwar noch nicht ganz so sicher wie die Peruaner auf meinem Rad, wußte es jedoch zu verhindern, auf die Bahngleise zu stürzen oder im 2 Meter tieferen Graben zu meiner Linken zu landen.

Als sich die Straße von Bahnlinie und Pfad trennte und in ein Dorf führte, zog ich es vor, wieder die Straße zu benutzen. Schon auf den ersten Metern erkannte ich die Vorteile, die der Pfad bot. Der Straßenbelag war eine weiche Lehmschicht, die mit einem dünnen Wasserfilm überzogen war. Ich radelte wie auf Schmierseife und konnte mehrere Stürze unmöglich verhindern.

Das für diese Gegend typische Dorf, das ich erreichte, war nichts anderes als eine Ansammlung von ärmlichen Lehmhütten, die um eine pompöse Kirche herum errichtet worden waren. Die wunderbare Kirche im Kolonialstil war im Inneren mit wertvollem Schmuck und einem silbernen Altar ausgestattet. Wie die Hütten innen aussahen, erfuhr ich, als mich nachmittags ein schweres Gewitter überraschte. Bis auf die Haut durchnäßt, erreichte ich einen der weit verstreuten Höfe zwischen den noch weiter verstreuten Dörfern und wollte dort um Schutz bitten. Vor der einen Hütte stand, nur durch einen roten Poncho geschützt, ein Junge und hütete die Schafe. Als er mich ankommen sah, wies er mir den Weg in den Schafstall. Dort suchte ich mir eine Stelle, auf die es nicht durchs Dach heruntertröpfelte und kramte in meinem Gepäck nach trockener Kleidung. Da alles naß oder feucht war, konnte ich aufs Umkleiden verzichten. Also schaute ich mich ein wenig im Stall um. Besonders auffallend war das Plumpsklo. Es war ein übelriechendes Loch, dessen Sitzfläche von einer Wolke Fliegen bedeckt war. Plötzlich kam aus der zweiten Hütte eine Frau und bat mich einzutreten. Ich schlüpfte durch die Tür und durfte auf einer Lehmbank Platz nehmen. Auf einem großen Lehmbett mir gegenüber saßen zwei Jungen und starrten mich an. Die Frau setzte sich in einen großen Wollhaufen und spann Wolle. Mit der einen Hand hielt und drehte sie die Spule, mit der anderen drehte sie zwischen den Fingern den Faden und immer, wenn der Faden lang genug war, wickelte sie ihn auf ein großes Wollknäuel. Später sollte sie daraus die schönen Wollpullover für die Touristen stricken, während sie und ihre Söhne nur mit Lumpen bekleidet waren.

Zur weiteren Ausstattung des Hauses gehörte ein Lehmofen, neben dem einige zerbeulte Blechtöpfe standen. Zwischen zwei Wänden war eine Schnur gespannt, an der mehrere zerfetzte Kleidungsstücke hingen, während die restlichen Hemden und Hosen auf dem Bett verstreut herumlagen.

Glücklich darüber, im Trockenen zu sitzen, während draußen der Regen auf das Dach prasselte, packte ich einige Erdnüsse aus und verteilte sie. Die beiden Jungen nahmen sie wortlos an und ließen mich beim Knacken der Nüsse keinen Moment aus den Augen.

Plötzlich kam der Junge, der die Schafe gehütet hatte, herein. Sofort stand einer seiner Brüder auf, überließ ihm den Platz auf dem Bett, reichte ihm seine restlichen Nüsse, nahm seinen nassen Poncho und löste ihn wortlos ab.

Als es aufhörte zu regnen, holte ich mein Rad, verabschiedete mich und radelte weiter. Ich befand mich in einem Tal, das beidseitig von grünen Bergen abgegrenzt war. Vereinzelt hingen auf den Bergen noch Wolkenfetzen unter einem weißgrauen Himmel. Das ganze Tal war überschwemmt, und wo immer Gras herausragte, sah man Indios, wie sie, in ihre roten Ponchos gehüllt, die Schafe und Lamas hüteten. In einem See tummelten sich ein paar rosa Flamingos und nahmen erstaunlicherweise nicht die geringste Notiz von mir. Ab und zu kam ich an kleinen Höfen vorbei, die von überschwemmten Feldern umgeben waren. Meistens hatte man sie

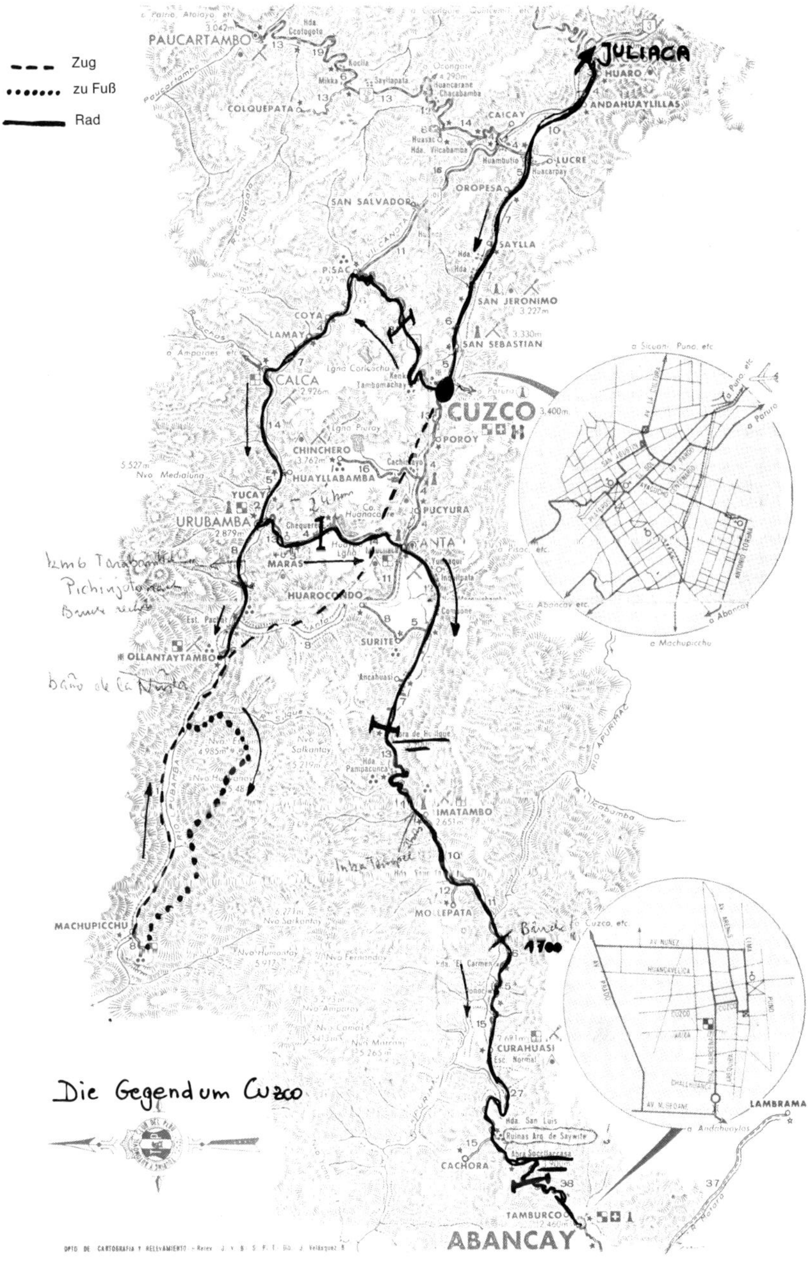

Zug
zu Fuß
Rad
JULIACA
PAUCARTAMBO
COLQUEPATA
HUARO
ANDAHUAYLILLAS
CAICAY
LUCRE
OROPESA
SAN SALVADOR
SAYLLA
PISAC
SAN JERONIMO
SAN SEBASTIAN
COYA
LAMAY
CALCA
CUZCO
CHINCHERO
HUAYLLABAMBA
YUCAY
URUBAMBA
PUCYURA
ANTA
MARAS
HUAROCONDO
SURITE
OLLANTAYTAMBO
Ancahuasi
IMATAMBO
MOLLEPATA
MACHUPICCHU
CURAHUASI
CACHORA
TAMBURCO
ABANCAY
LAMBRAMA
a Machupicchu
a Abancay
Bänder 1700
Inka Tempel
Die Gegend um Cuzco

wegen des Regens verlassen, oder die Bewohner waren schon lange in die Slums vor Cuzco oder Lima gezogen. Daß die ärmlichen Hütten der Bauern in den Bergen für einen Europäer genauso wenig akzeptabel sind wie die ärmlichen Barracken aus Wellblech, die ich in den Slums von Lima zu Gesicht bekam, durfte ich abends erfahren. Ich erreichte kurz vor der Dunkelheit nur noch die Hütte eines Campesinos und wollte um Unterkunft bitten. Als ich mein Rad über einen Weg hin zur Hütte schob und zu rufen begann, kam ein Junge heraus und bat mich, einzutreten. Drinnen war es gerade noch so hell, daß ich einen Mann auf einem Lehmbett erkennen konnte, der in Decken gehüllt, sich gegen die eisige Kälte, die in der Hütte herrschte, zu schützen versuchte. Er verstand kein Spanisch, so daß der Junge dolmetschte. Dann sagte der Mann etwas, worauf der Junge mir zwei Decken brachte und mich zu einem anderen Lehmbett führte. Während er zu seinem Vater ins Bett zurückkroch, breitete ich die Decken, meinen Schlafsack und mein Handtuch auf dem Bett aus und rollte mich warm gekleidet darin ein. Meine Annahme, daß Lehm gut isoliert und als Unterlage die Wärme hält, erwies sich als falsch. Obwohl ich gut eingepackt schlief, fror ich fast die ganze Nacht. Erst jetzt konnte ich mir vorstellen, wie kalt es in diesen Hütten sein mußte, wenn während der Trockenzeit draußen die Temperaturen weit unter den Gefrierpunkt fallen. Dies war sicherlich einer der Hauptgründe, warum die Bergbevölkerung in die Slums von Lima floh.

Da ich nur sehr wenig Geld dabei hatte, versuchte ich am nächsten Morgen mein Quartier mit meinen letzten Semmeln und einem Apfel zu bezahlen. Dankend ließ ich die Campesinos zurück, während ich zur nächsten Stadt radeln konnte, um mir dort wieder etwas zu kaufen. Auf dem Weg dorthin wurde mir bewußt, wie schwer es für die Campesinos sein mußte, wenn sie etwas kaufen mußten oder ärztliche Hilfe brauchten. Sie waren nicht nur mittellos, sondern wegen der schlechten Straßen während der Regenzeit auch von der Außenwelt völlig abgeschnitten. Wie schwer befahrbar die Straßen für sämtliche Verkehrsmittel sein mußten, bekam ich auf jedem Meter zu spüren, den ich mich vorankämpfte.

Über Nacht war die Straße wegen des Regens wieder zu einem »Schlammloch« geworden. Schon nach ein paar Metern verfing sich der Schlamm in den Bremsen und in den Schutzblechen und blockierte die Räder. Ich löste ihn mit dem Schraubenzieher und begann mein Rad zu tragen. Ich rutschte jedoch sofort aus und landete mit dem Rad im Dreck. Indem ich es auf die Schulter nahm und über das Feld am Straßenrand trug, kam ich wieder einige Meter weiter. Später versuchte ich es wieder mit Radeln, trug es immer wieder streckenweise, schob es, säuberte es und

Überschwemmte Dörfer nach der Regenzeit, auf dem Weg nach Cuzco

Wohin ich mich in den Nächten und bei Unwettern zurückzog

versuchte zu radeln, wann immer es möglich war. Nachdem ich mit nackten Füßen auch noch durch mehrere Gebirgsbäche gewatet war, erreichte ich nach der Überquerung des 4321 Meter hohen La Raya Passes völlig durchfroren Aguas Calientes. Während ich so manchmal, als der Regen auf mich niedergeprasselt war, ganz gerne im warmen Samtpolster der ersten Klasse des Andenzuges gesessen hätte, genoß ich bei der Bahnstation Aguas Calientes, »Heiße Quellen«, meine durch das Fahrrad bedingte Unabhängigkeit. Über eine Stunde entspannte ich mich im heißen Quellwasser am Wegesrand, das kochend aus der Erde heraussprudelte und in einem künstlichen Becken mit kaltem Wasser vermischt wurde.

Hinter dem Paß wurde das Wetter endlich besser und die Gegend lebendiger. Die Dörfer waren größer und näher beieinander. Die Felder im Tal waren noch überschwemmt, während sie weit oben an den Berghängen trocken waren und in allen Farben leuchteten. Wer Ruhe brauchte, konnte hier glücklich werden, wer Hilfe brauchte, mußte sich gedulden können. Dies erfuhr ich, als ich den Frieden der Anden genießend an einem Jungen vorbeikam, der weinend neben seinem Rad stand. Als er mich sah, kam er sofort angelaufen und bat mich, sein Rad zu reparieren. Wegen des gebrochenen Rahmens war dies jedoch unmöglich für mich. Da das Rad seinem Vater gehörte, hatte er jetzt Angst, nach Hause zu gehen. Immer wieder bat er mich mit Tränen in den Augen, ihm zu helfen, doch etwas zu tun.

Das einzige was ich tun konnte, war, ihn zu begleiten und zu versuchen, seinen Vater zu beruhigen. Da es aussichtslos war, auf ein Auto zu warten, luden wir sein Rad auf das meine und schoben los. Nach über einer Stunde hatten wir sein Dorf erreicht und traten durch ein Tor in den Hof, wo er zu Hause war. Der Vater war gerade dabei, eine völlig unterernährte Kuh zu melken. Als er mich sah, stand er sofort auf, kam auf mich zu, reichte mir seine Hand zum Gruß und lachte über das ganze Gesicht. Ich war erstaunt über seine Freude, einen Gringo vor sich zu haben.

Sofort begann ich in meinem besten Spanisch zu erklären, was passiert war: daß auf diesen Straßen jedem so etwas widerfahren könne, daß sein Sohn keine Schuld daran habe, man das Rad schweißen könne ...

Mindestens 10 Minuten lang hielt ich einen Monolog, während er mich immer nur angrinste. Dies hielt ich für ein gutes Zeichen und glaubte, etwas erreicht zu haben. Als ich jedoch gehen wollte, klammerte sich der Junge an meine Beine, begann laut loszuweinen und meinte schluchzend: »Mein Vater versteht doch kein Spanisch, er kann nur Quetschua.« Jetzt mußte ich grinsen, während dem Mann beim Anblick seines Sohnes das Grinsen vergangen war. Verunsichert holte ich das Rad in den Hof, woraufhin sich sein Gesichtsausdruck völlig verwandelte. Er begann zu toben

Der kleine Peruaner mit seinem Rad, das Rahmenbruch erlitten hat

Das Leben und Treiben entlang meines Radweges nach Cuzco

und seinen Sohn anzuschreien. Der Junge hingegen klammerte sich noch fester an mich und weinte immer lauter. Dann kam auch noch die Mutter und schrie etwas, was ich ebenfalls nicht verstand. Als ich es mit der Angst zu tun bekam, riß ich mich vom Jungen los und wollte ihn mit einem Geldschein beruhigen. Soviel Geld hatte er sicherlich noch nie in der Hand gehabt, und der Vater hätte dafür sicherlich zwei Tage arbeiten müssen. Trotzdem war der einzige Kommentar des Jungen: »Das ist doch nicht genug für die Reparatur.«

Wortlos verließ ich den Hof und fand meine gute Laune erst im nächsten Dorf wieder. Ich suchte auf dem Marktplatz nach einem Mittagessen, als ich etwas Komisches erleben durfte. Auf dem Rücken einer alten Indiofrau hing ein Baby mit hellblonden Haaren. Kaum hatte sie mich gesehen, rief sie mir zu: »Mira, mira un Gringo como tu«, schau, ein Gringo wie du und zeigte dabei auf ihr Kind. Stolz nahm sie das Baby auf den Arm und erklärte mir, daß es das Kind ihrer Tochter sei. Der Vater, ein Gringo, sei spurlos verschwunden. Es gab also noch mehr als nur unsere Lebensweise und Technik, was wir sogar in die abgelegensten Gebiete des Globus brachten.

Als ich Cuzco erreicht hatte, hatte ich viel dazugelernt und viel Neues, was mir vom Zug aus verborgen geblieben war, gesehen. Wieder einmal hatten sich die Vorteile, die mir mein Rad bot, bestätigt.

AUF DEN SPUREN DER INKAS

Noch am selben Abend, an dem ich völlig erschöpft von der 5-Tages-Tour mit dem Rad von Juliaca in Cuzco ankam, traf ich zwei amerikanische Bergsteiger wieder, die ich eine Woche davor in La Paz kennengelernt hatte. Sie wollten am nächsten Tag mit dem Zug bis 20 Kilometer vor Machu Picchu, der alten Inkastadt, fahren und von dort den einstigen Inkapfad bis zu den berühmten Ruinen laufen. Drei Tage hatten sie für den 46 Kilometer langen Marsch angesetzt und machten mir das Angebot, mitzukommen. Ich wußte, daß es eine einmalige Gelegenheit war, mit perfekt ausgerüsteten Bergsteigern diese zum Teil sehr strapaziöse, jedoch als absolut phantastisch bekannte Strecke zu gehen. Also stimmte ich zu, obwohl ich eine Pause gut hätte gebrauchen können. Noch am selben Abend kaufte ich mir Proviant und traf mich am nächsten Morgen mit ihnen. Mein Rad konnte ich in meinem sicheren Hotel zurücklassen.

Es war noch dunkel, als wir um 6.00 Uhr durch die engen Gassen von Cuzco schlichen. An jeder Ecke waren wir darauf gefaßt, daß uns jemand mit einem Messer überfallen würde. Zu oft hatten wir schon die schlimmsten Geschichten gehört. Zu oft mußte schon etwas passiert sein. Wir hatten jedoch Glück. Ohne Zwischenfall erreichten wir den Bahnhof, kauften uns unsere Fahrkarten, drängelten uns zum Zug durch und fanden gerade noch ein wenig Platz im Gang. Als wir mit dem Zug den Bahnhof verließen, wurde es gerade hell. Aus den Hütten entlang der Bahnlinie krochen die Indios hervor, sprangen auf den langsam voranrollenden Zug und verkauften Frühstück und Reiseproviant. Auch wir speisten noch ein letztes Mal sehr ausgiebig und erreichten währenddessen Ollantaitambo, den letzten Ort vor Machu Picchu. Dahinter begann das wilde Urubambatal, an dessen gleichnamigen Fluß entlang der Zug als einziges Fahrzeug seinen Weg nach Machu Picchu findet. Einige Kilometer hinter Ollantaitambo hatten wir kurz Zeit, um den Zug zu verlassen. Ein wenig hektisch sprangen wir ab und sahen auch schon, wie er hinter der nächsten Kurve verschwand. Unsere Wanderung konnte beginnen.

Die ersten Stunden liefen wir gemütlich durch ein Seitental, bis ein schmaler Pfad zum Aufstieg auf den ersten Paß führte. Begeistert von der extrem grünen Landschaft, wie sie unmittelbar nach der Regenzeit kaum grüner hätte sein können, vergaßen wir die Strapazen beim Bergwandern. Jede Stunde rasteten wir kurz, lauschten dem Gesang der Vögel, beobachteten Kolibris, bewunderten die für uns neue Vegetation und kletterten mit neuer Energie weiter. Am Spätnachmittag, als wir die Baumgrenze bereits überschritten hatten, glaubten wir den Paß erreicht zu haben. Tatsächlich fühlten wir uns nur so danach, als wir erschöpft einen Felsvorsprung erreichten. Wir wollten uns schon gratulieren, da sahen wir die nächste lange Steigung vor uns. Die Zeit drängte, so daß wir uns nur eine kurze Pause gönnten. Wir mußten den Paß erreichen, da unser Proviant nur für 3 Tage reichte und unsere erste Etappe bis zum Paß berechnet war. Bei Dunkelheit kamen wir dann auch an, mehr uns dahinschleppend als wandernd. Mit der Taschenlampe suchten wir uns noch einen geeigneten Schlafplatz und während die zwei Amerikaner ihr Zelt aufbauten, machte ich es mir in meinem geliehenen Biwaksack bequem. Da ich in meinem dünnen Stoffschlafsack sehr schnell fror, liehen mir die Amerikaner noch ihre dicken Daunenjacken. Gut in Daunen verpackt, erholten sich nachts auf dem 4200 Meter hohen Paß unsere Muskeln, nachdem sie uns 1800 Meter nach oben getragen hatten.

Gut erholt ging es am nächsten Tag über den zweiten Paß und dann hinab in einen feuchten Regenwald. Am Wegesrand wucherte eine Vegeta-

Nur der Pfad der Inkas und die Eisenbahn am Fluß entlang finden ihren Weg nach Machu Picchu

tion, wie wir sie uns niemals hätten vorstellen können. Der Weg verlief durch einen grünen Tunnel, der durch das Dickicht geschlagen worden war. Die Baumstämme waren mit Moos bedeckt und von jedem Ast hingen Kletterpflanzen bis zum Boden hinunter. Dazwischen entdeckten wir immer wieder feurig rote Blüten oder gelbe Knospen. Unentwegt tröpfelten von den Ästen große, schwere Wassertropfen wie funkelnde Kristalle herab und fielen auf unsere Regenkleidung. Der ganze Wald war von einer Melodie der herabfallenden Tropfen durchzogen. Diese wurde hie und da durch das Rauschen von Bächen unterbrochen, die auf Lichtungen spritzend in kleine Teiche sprudelten. Am Ufer breitete sich ein Blumenteppich aus, dessen Farben in der Sonne leuchteten. Wir verbrachten noch eine zweite Nacht in der Natur, bevor wir am dritten Tag sofort bei Sonnenaufgang zu unserer letzten Etappe nach Machu Picchu aufbrachen.

Es war erst 10.00 Uhr, als wir vor einer langen Treppe standen, die uns hinauf zum Sonnentor bringen sollte, zum Eingang von Machu Picchu.

Noch mit leeren Mägen und geschwächten Beinen hoben wir ein Bein nach dem anderen über die steilen Stufen. Wir wurden immer schneller und rutschten immer öfters auf den glitschigen Steinen aus. Dann aber war

Die Ruinen von Machu Picchu

es so weit, wir waren oben: vor uns lag Machu Picchu, eine komplette Inkastadt, die noch in Nebel gehüllt, auf einem Berggrat ruhte. Nur zögernd gaben die Wolkenfetzen die Ruinen dem ungeduldigen Auge zum Anblick frei.

Vielleicht hatte der Sonnengott der Inkas noch immer seine Macht über Machu Picchu und wollte, wie schon zu Zeiten Pizarros, der diese heilige Stätte nie entdecken durfte, auch heute noch die Eindringlinge zurückhalten.

FLEISCHVERGIFTUNG, FLECKFIEBER?

Im Verhältnis zu dem, was mir der Inkapfad bot, waren die berühmten Ruinen von Machu Picchu für mich eine Enttäuschung. Man konnte zwischen all den Touristen kaum mehr die Ruinen sehen. Anstelle des Vogelgezwitschers hörte man überall die Gruppenleiter den Ton angeben, anstelle der melodisch klingenden Wassertropfen surrten Videokameras und klickten Fotoapparate.

Nach den drei Tagen absoluter Ruhe war Machu Picchu kaum zu ertragen, so daß wir sehr schnell mit dem Zug nach Cuzco zurückkehrten. Dort trennte ich mich von den Amerikanern und radelte alleine nach Ollantaitambo zurück. Von dort verließ ich das Inkatal und hatte fünf Bergzüge vor mir, die ich überwinden mußte, wenn ich zum Meer zurück wollte. Die ersten 1200 Höhenmeter bis zum 4000 Meter hohen Paß bei Chincheros und die Abfahrt nach Anta waren noch gut asphaltierte Straße. Die 1000 Höhenmeter zur 3900 Meter hohen »Abra Huilque« waren dagegen wieder typische Andenstraße. Steine, Sand und riesige Löcher beherrschten die Straßenoberfläche, und fast noch schlimmer war die Abfahrtsstraße. Fast einen ganzen Tag brauchte ich, bis ich bei der Brücke über den Rio Vilcabamba, auf 2000 Meter, ankam und mußte noch am selben Abend, auf der Suche nach einer Unterkunft, die Auffahrt zum nächsten Paß antreten. Erst spät in der Nacht erreichte ich schiebend ein Haus. Für einen geringen Geldbetrag bekam ich zwei Decken geliehen und durfte auf der Terrasse schlafen.

Für die Bergstrecke durch die Provinz von Ayacucho hatte man mich nicht nur vor den Terroristen gewarnt, sondern auch vor der besonders starken Abneigung seiner Bewohner gegen Gringos. In Curahuasi, einem kleinen Andendorf, bekam ich dies ein erstes Mal zu spüren. Ich radelte an ein paar Jungen vorbei, grüßte sie freundlich und wurde verbissen mit »Gringo!« zurückgegrüßt. Kaum hatte ich ihnen den Rücken zugewandt, flogen die ersten Steine. Sofort drehte ich mich um und sah, wie einer der Jungen seine Schleuder ansetzte. Wutentbrannt sprang ich vom Rad, ließ es fallen und rannte in seine Richtung. Blitzschnell verschwand er in einem Haus und als ich ihm folgen wollte, versperrte mir seine Mutter den Weg. Sie entschuldigte sich und wollte mir eine Packung Kekse schenken. Ich verzichtete darauf, setzte meinen Sturzhelm auf und fuhr deprimiert weiter. Fünf Stunden brauchte ich noch, bis ich den 3900 Meter hohen Socclaccasapaß erreicht hatte. Von oben sah ich schon mein Ziel Abancay, brauchte jedoch noch sechs Stunden, bis ich wieder unten auf 2400 Metern war.

Ich hatte sieben Platten und zweimal brach mein Gepäckträger. Abancay erreichte ich schiebend erst nach Sonnenuntergang. Im Dunkeln war es mir nicht mehr gelungen, den letzten Platten zu reparieren. Ich suchte mir sofort ein Hotel und entschloß mich, beim Reparieren meiner 4 Ersatzschläuche, zwei Mäntel übereinander auf die Felgen zu spannen. Nachdem für den nächsten Tag alles vorbereitet war, ging ich in die Stadt, um meinen

Der 6500 Meter hohe Vulkan Parinacota mit dem »Chungarasee«

Der Karneval von Oruro

Peruanerin in Ollantaytambo

Entlang des Inkapfades nach Machu Picchu

Die weiße Cordillere der Anden, gespiegelt in der »Laguna Paron«

Markttag in Ecuador

Blumenverkauf in Guatemala

Der Atitlansee

Sieben Platten, zweimal den Gepäckträger gebrochen, sechs Stunden für 1500 Höhenmeter Abfahrt vom 3900 Meter hohen Socclaccasapaß nach Abancay

leeren Magen zu füllen. Zu meinem Erstaunen war das Fleisch besonders billig, so daß ich zur großen Freude einer Straßenverkäuferin sofort mehrere Fleischspieße kaufte. Gut gesättigt kehrte ich zurück in mein Hotelzimmer. Nachdem ich nachts gut geschlafen hatte, machte sich am Morgen leichte Übelkeit bemerkbar. Außerdem hatte ich Kopfschmerzen und fühlte mich schwach. Trotzdem verließ ich Abancay und rollte noch immer bergab, in ein unbekanntes Tal hinein.

Kurz vor dem Ende der Abfahrt kam mir ein Lkw entgegen, von dessen Ladefläche mir eine Tomate auf die Schulter flog. Verbittert blieb ich stehen und erkannte gerade noch einen Mann, wie er Fratzen schnitt. Dabei platzte ich fast vor Wut. An einem Fluß erreichte ich wieder das Ende der Abfahrt. Während in Abancay das Klima noch einigermaßen erträglich war, lief mir im Flußtal der Schweiß herunter. Als es danach wieder bergauf ging, war ich weder physisch noch moralisch in der Lage zu radeln. Trotz der geringen Steigung mußte ich schieben und entschloß mich zu rasten, als ich an einem Haus vorbeikam. Ein Mädchen erlaubte mir, mich kurz niederzulegen und stellte mir zu meinem Erstaunen nicht nur ein bequemes Feldbett zur Verfügung, sondern holte mir sogar einen

Teller mit Essen aus der Küche. Sie erklärte mir, daß es Fisch aus der Dose sei und ich mich nicht wegen des vergifteten Fleisches zu sorgen bräuchte. Als ich vergiftetes Fleisch hörte, erschrak ich. Sie mußte mir mein Unwissen angesehen haben und fragte mich, ob ich denn noch nicht davon gehört hätte, daß die Kühe dieser Provinz an Fieber sterben und die armen Bauern trotzdem das Fleisch verkaufen würden. Erst jetzt verstand ich, warum das Fleisch in Abancay so billig gewesen war und wunderte mich auch nicht mehr, daß es so zäh gewesen war. Nachdem ich von den Fleischspießen erzählt hatte, warnte mich das Mädchen nochmal, da schon eine Frau an Vergiftung gestorben war und ich ihrer Meinung nach auch nicht sehr gesund aussähe.

Zu den immer stärker werdenden Kopfschmerzen kamen jetzt auch noch Magenschmerzen dazu, und ich bekam Durchfall. Mein einziger Gedanke war, so schnell als möglich einen Arzt aufzusuchen. Diesen sollte es jedoch erst im nächsten Dorf geben. In der Hoffnung, ihn dort zu treffen, brach ich sofort auf. Da keine Mitfahrgelegenheit bestand, schob ich den ganzen Weg dorthin. Im Dorf legte ich mich sofort auf eine Bank und als jemand kam, bat ich darum, den Arzt zu holen. »El doctor no esta«, erhielt ich als einzige Antwort, er sei nicht da, und wenn ich etwas von ihm wolle, müsse ich mich einige Tage gedulden. Ich erschrak und fragte sofort nach dem nächsten Bus in Richtung Küste. Dieser sollte erst am nächsten Tag kommen. Es blieb mir nichts anderes übrig, als darauf zu warten und damit in die nächste Stadt zu fahren. Problematisch war, daß es kein Hotel gab und niemand einem Gringo Obdach gewähren wollte. Nachdem ich einige Zeit regungslos auf der Bank gelegen hatte, kam ein junger Mann zu mir und machte mir das Angebot, in der Hütte der Busfirma zu schlafen und dafür ein Busticket nach Lima zu kaufen. Ohne zu zögern, nahm ich wegen meines sehr kritisch gewordenen Zustandes das Angebot an. Inzwischen war noch ein zweiter Mann angekommen. Gemeinsam schleppten sie mich mit meinem Rad zur Hütte, legten mir zwei Felle auf den Boden, verkauften mir die Fahrkarte und ließen mich allein zurück. Die Toilette war der Garten hinter dem Haus, wo ich bis Mitternacht auch die längste Zeit verbrachte und erst als sich in den frühen Morgenstunden mein Darm ein wenig beruhigt hatte, schlief ich ein.

Draußen war es schon hell, als ich von einem Juckreiz am ganzen Körper geweckt wurde. Ich verließ mein »Schlafzimmer« und bekam einen wahnsinnigen Schrecken, als ich mein Ebenbild im Radspiegel sah. Mein erster Gedanke war: »Fleckfieber«, ohne genau zu wissen, was dies bedeutete. Mein ganzes Gesicht sowie Arme und Beine waren mit roten Flecken übersät. Sofort fragte ich, welche anderen Epidemien es noch in dieser

Gegend geben sollte. Lachend zeigte man mir eine Fliege, von denen Hunderte nachts über mich hergefallen sein mußten. Die Flecken würden jedoch schnell wieder verschwinden, versicherte man mir.

Bevor der Bus kam, kaufte ich mir eine Rolle Papier und eine Tüte und verschwand damit wieder hinten im Garten. Um Unannehmlichkeiten im Bus zu verhindern, entschloß ich mich, mir »Windeln« anzulegen. Damit setzte ich mich dann auf eine Bank und wartete auf den Bus. Als er endlich kam, lud ich schnell mein Rad auf und erhielt noch einen Stehplatz. Dabei war ich wegen meines komischen Hinterteils dem Gelächter der Leute ausgesetzt. Als man mich darauf ansprach, behauptete ich, daß mein Hinterteil deshalb so geschwollen sei, weil ich versucht hätte, mit einem Rad durch Peru zu reisen. Da dies in meinem jetzigen Zustand nicht mehr möglich sei, müsse ich bis zur asphaltierten Straße den Bus nehmen. Diese Antwort schien ein jeder für realistisch zu halten und man belästigte mich nicht weiter.

Auf der 20stündigen Fahrt wurden wir so durch den Bus gerüttelt, daß ich gut verstehen konnte, daß ein jeder meiner Antwort Glauben schenkte. Da ich noch immer keinen Platz gefunden hatte, legte ich mich abends auf meine Schaumgummimatratze in den Gang, wo ich wohl als einziger zwischen Spucke, Obst und Dreck gut schlafen konnte, während die Mitfahrer pausenlos hin- und hergeschüttelt wurden.

MACHTLOSIGKEIT

Obwohl ich keine Medikamente hatte, erholte ich mich in Lima sehr schnell. Ich reparierte mein Rad, füllte mir noch ein letztes Mal in einem chinesischen Restaurant den Magen und verließ den Dschungel der Großstadt wieder. Draußen in der Wüste überkam mich der Stolz. Ohne überfallen worden zu sein, und ohne daß man mir etwas Größeres gestohlen hatte, war ich durch Puno, Cuzco und sogar Lima gereist. Zufrieden mit mir radelte ich durch die öde Landschaft und hielt erst mittags mit überhitztem Kopf an einem Melonenstand. Außer der Verkäuferin und mir war nirgends jemand zu sehen. Also lehnte ich mein Rad gegen eine Stellage, legte meinen Helm und meine Sonnenbrille, die ich einen Monat vorher für 50 DM in Bolivien erworben hatte, auf mein Rad, setzte mich fast unmittelbar daneben und begann eine Wassermelone zu essen. Plötzlich kam ein Mann anspaziert und kaufte sich auch eine Melone. Als ein Kleinbus

Merida
MEXICO
Palenque
San Christobal
Tikal
HONDURAS
Solola
Copan
Guatemala City
Tegucig.
GUATEMALA
NIKARAGUA
Managua
San Jose
TORTUGUERO
Limon
COSTA RICA
PANAMA
Pan. City
Medellin
Bogota
Buenaventura
KOLUMBIEN
Cali
ECUADOR
Quito
Coca
Baños
Ambato
PERU
Sullana
Trujillo
Laguna Paron
CORDILLERA BLANCA
Huaraz
Pativilca
Lima
Rad
auf 4 Rädern
Kanu
Flugzeug
Zug

vorbeikam, stieg er ein und verschwand in Richtung der nächsten Stadt. Kurz danach wollte auch ich aufbrechen. Ich zahlte die Melone und zog meinen Helm auf. Als ich jedoch zur Brille greifen wollte, war sie verschwunden. War ich auch davon überzeugt, daß der Mann mein Rad nicht berührt hatte, so war er der einzige Täter, der in Frage kam. Die Melonenverkäuferin, die von meinem Rad zu weit entfernt war, um meine Brille gestohlen zu haben, pflichtete mir bei. Sofort sprang ich auf mein Rad und raste dem Kleinbus hinterher. Der Zufall wollte es, daß auf der Strecke zur 10 Kilometer entfernten Stadt eine Polizeikontrolle den Verkehr überwachte. Ich hielt sofort an und erklärte den drei Polizisten, was passiert war. Die einzige Beschreibung, die ich ihnen von dem Mann geben konnte war, daß er eine große Kiste bei sich hatte.

Zu meinem großen Erstaunen setzten sich die drei sofort ins Auto und fuhren mit Blaulicht hinter dem Kleinbus her. Kurz bevor auch ich die Stadt erreichte, kamen sie mir entgegen und hatten den Mann mit der Kiste in ihrer Mitte. Gemeinsam fuhren wir auf die Polizeistation, wo man den angeblichen Dieb wie einen Schwerverbrecher aus dem Wagen holte. Ein Sekretär registrierte unsere Personalien und ließ sich von mir den Tatvorgang diktieren. Auf ein Zeichen kamen zwei Polizisten und durchsuchten den Verdächtigen. Sie fanden jedoch weder in der Kleidung etwas noch in der Kiste. Die drei Polizisten versicherten mir, daß sie den Kleinbus durchsucht hätten, aber auch dort nicht fündig geworden waren. Damit war klar, daß meine Brille verschwunden war. Dieser Zwischenfall war jedoch Beweis genug dafür, daß man in Peru mit allem rechnen mußte.

SCHÖNE NATUR, BRUTALE NATUR

So einfach es auch war, über die fast flache, gut asphaltierte Panamerikana nach Norden zu rollen, so unerträglich wurden sehr bald wieder Hitze und Monotonie. Also floh ich 200 Kilometer nördlich von Lima zurück in die Berge. Eine lange Bergstrecke brachte mich auf einen 4100 Meter hohen Paß.

Der Paß war die Einfahrt zum »Callejon del Huaylas«, einer Gegend, die für ihre spektakuläre Landschaft bekannt ist. Eine Straße entlang des Santaflusses ermöglicht es einem, durch dieses lange Tal zu fahren, das durch die verschneiten Bergspitzen der »Cordillera Blanca« mit dem 6780 Meter hohen Huascaran, dem höchsten Berg Perus, und ihr gegenüber der 2000 Meter niedrigeren, schneefreien »Cordillera Negra« gebildet wird. Weiter flußabwärts geht es dann durch den »Canon del pato«, die Entenschlucht, zurück in die Wüste.

Die erste größere Stadt, die ich hinter dem Paß erreichte, war Huaras, Hauptstadt der Provinz Ancash.

Die Natur bei Huaras ist überwältigend. 23 verschneite Bergspitzen kann man von dort sehen.

Die Natur bei Huaras war brutal gewesen. 1970 hatte ein Erdbeben die halbe Stadt zerstört, was noch heute nicht zu übersehen ist.

Mein nächstes Ziel war Yungay. Von dort brachte mich eine Straße zur »laguna Llanganuco«.

»Laguna Llanganuco« waren zwei kleine Seen, deren grün schimmerndes Wasser unter dem stahlblauen Andenhimmel und den verschneiten Sechstausendern rundherum ein Bild der Natur bot, wie es schöner kaum hätte sein können.

Ein Bild der Natur bot auch das einstige Yungay, heute ein gewaltiges Lehmbett. 20000 Menschen starben in Yungay, als vom Huascaran eine gewaltige Schneelawine in die Lagune Llanganuco stürzte, diese über die Ufer treten ließ und Yungay unter Erde und Wasser begrub.

Ich besuchte noch die »Laguna Paron« und setzte dann zur Rückfahrt zum Meer, durch den Canon del Pato, an.

Es war die wildeste Strecke, die ich mit meinem Rad gefahren war. Die Natur hatte eine Schlucht errichtet, die anfangs nur wenige Meter breit war, dafür jedoch über 100 Meter tief. Die Straße, die sich fast auf der Höhe des mittlerweile zu einem reißenden Strom gewordenen Santaflusses befand, war aus dem Felsen geschlagen worden und dementsprechend sah ihr Belag aus.

40 Tunnel waren zu durchqueren, was nicht immer einfach war, da meine Lampe nicht mehr funktionierte. Verkehr herrschte auf dieser Strecke keiner, da die Natur während der Regenzeit die Straße für Autos unpassierbar gemacht hatte. Mehrere Brücken waren weggerissen worden und immer wieder bedeckten Steinschläge die schon sehr schlechte Straße. Mir war klar, daß ich auf den 140 Kilometern zum Meer sehr vorsichtig sein mußte. Wäre etwas passiert, hätte es Wochen dauern können, bis mich jemand gefunden hätte.

Mit meinem Sturzhelm auf dem Kopf holperte ich langsam über die Steine, die nur darauf warteten, meine dünnen Reifen durchbohren zu können. Viermal gelang ihnen dies auch, zwei Speichen zerstörten sie und waren Schuld daran, daß der Gepäckträger wieder brach. Der Rahmen meines unverwüstlichen Rades hingegen hielt durch. Regen, Schnee, ex-

Die »plaza« von Huaras vor dem Erdbeben von 1970

Die »plaza« von Huaras 10 Jahre nach dem Erdbeben

treme Trockenheit und die katastrophalen Straßen konnten ihm nichts anhaben.

Je näher ich ans Meer kam, desto heißer wurde es wieder. Mittlerweile war die Schlucht breiter geworden, der Hitzeeffekt blieb jedoch derselbe wie der im engen Canon, außer daß die Sonne noch mehr Kraft hatte. Als sie mittags senkrecht über mir stand, blieb nirgends mehr Schatten. Dazu kam, daß sich die Steinwände und der Steinboden vormittags aufgeheizt hatten und zusätzlich zur glühenden Sonne von oben auch noch ihre Energie großzügig nach allen Seiten abgaben. Mikrowellenherd, Heizspirale oder womit auch immer man es vergleichen wollte, es war ganz einfach nur heiß und zwar unerträglich heiß. Gut »geröstet« kam ich in ein Dorf. Noch bevor ich einem Menschen begegnete, kam ich an einem Friedhof vorbei. Beim Anblick eines aufgebrochenen Grabes in der prallen Sonne erschrak ich. »Selbst dem Toten mußte es zu heiß geworden sein. Er war sicherlich aus dem Grab ausgebrochen, über den Fluß geschwommen und hatte sich auf der anderen Seite in einem der Gräber im Felsen ein kühleres Plätzchen gesucht. Es war ja selbstverständlich, und wenn es jemand nicht verstanden hätte, totschlagen hätte er ihn nicht können, er war ja schon tot.«

Durch die Entenschlucht mit ihren 40 Tunneln ging es über eine Steinstraße, die für den Autoverkehr unpassierbar geworden war, zurück in die Wüste.

Selbst den Toten mußte es in der Entenschlucht zu heiß gewesen sein

Ich mußte bei dieser Geschichte laut loslachen, als mich plötzlich ein mir bekanntes Zischen in die Realität zurückholte. Ich hatte wieder einen Platten und mir verging das Lachen. Beim Reparieren wurde mir bewußt, daß die Sonne damit begann, außer einem Sonnenbrand auch noch so manch andere Spur zu hinterlassen. Es wurde höchste Zeit, daß ich die Wüste verlassen würde.

DAS ENDE WAR IMMER GUT

Mittlerweile war es Ostern geworden. Ostersonntag, am nächsten Tag, wollte ich in aller Ruhe in Trujillo feiern. Ich hatte noch genug Zeit, um die Stadt vor Sonnenuntergang zu erreichen und beeilte mich deshalb auch nicht. Während ich die Aussicht auf den Sand »genoß«, sah ich plötzlich von weitem einen VW-Bus ankommen. Das erste Zeichen, daß es sich um Globetrotter handelte, waren die vielen Ersatzreifen auf dem Dach. Dann erkannte ich auch schon das schwere Eisengitter auf der Windschutzscheibe und als ich auch noch das rotweiße Zollschild sah, bestand kein Zweifel mehr.

Der Bus hielt neben mir und ich lernte ein deutsches Pärchen kennen, das von Alaska herunterkam. Sofort luden sie mich auf einen Kaffee in ihr Vehikel ein. Ich staunte nicht schlecht über den Komfort, der im Wagen geboten wurde. Ich saß auf einer gut gepolsterten Bank, bekam einen echten Teller, eine echte Tasse und einen Löffel aus Metall, und während wir uns unterhielten, warteten wir, bis der Kaffee auf dem eingebauten Herd kochte. Zu essen gab es Kuchen aus Ecuador und Brot mit kolumbianischer Marmelade. Frisches Quellwasser, auch noch aus den Bergen aus Ecuador, war in zwei 20-Liter-Tanks untergebracht. 40 Liter Trinkwasser, 40 Kilo, halb soviel wog meine ganze Ausrüstung. Beim Kaffeetrinken schalteten wir die Stereoanlage ein und hörten echte europäische Musik. Mitten in Peru durften wir uns fast wie zu Hause fühlen. Stolz erklärte man mir das System der Alarmanlage, das in der Nacht Diebe vom Reifenklau abhalten sollte. Vom Bett aus konnte man auf Knopfdruck den Dieb in der Nacht ins Scheinwerferlicht stellen. Außer der Alarmanlage erinnerte auch noch das Gitter vor der Windschutzscheibe an einen »rollenden Bunker«. Durch die Eisenverstrebungen konnte man beim Fahren auf Steinstraßen die Steine beobachten, die einem um die Ohren flogen.

Trotz der schwedischen Gardinen mußte es ein tolles Gefühl sein, sich bei offenem Fenster, inmitten der heißen Wüste, sich den Fahrtwind um die Ohren blasen zu lassen. Als der Zeitpunkt gekommen war, zu dem ich aufbrechen mußte, um Trujillo noch vor Dunkelheit zu erreichen, beneidete ich die beiden um ihre Unabhängigkeit. Sie konnten essen, wann und wo sie wollten, sie konnten schlafen, wo und wann sie wollten ... Konnten sie jedoch auch wohin sie wollten?, fuhr es mir durch den Kopf, als ich an die Flüsse dachte, durch die ich mein Rad tragen mußte, an die Lehmstraße nach Cuzco, bei der ich mein Rad über das Feld schleppen mußte ...

In Gedanken versunken holte mich wieder ein Platten in die Wüste zurück. Wie schon so oft bekam ich ihn genau dann, wenn ich ihn für völlig ungelegen hielt. Trujillo bei Nacht zu erreichen, wäre viel zu gefährlich gewesen. Die Sonne ging jedoch gerade unter und mir fehlten noch 15 Kilometer. In Windeseile begann ich, mein Rad zu reparieren. Wie es schon öfters passiert war, hielt in solchen Momenten der Flicken natürlich nicht, und die Luft entwich sofort wieder. Auch als ich ein zweites Mal reparierte, erging es mir nicht besser. Wutentbrannt riß ich den Schlauch heraus, klebte wieder einen Flicken über das Loch, mußte jedoch bei meinem hundertsten Platten noch immer etwas falsch gemacht haben.

Also versuchte ich es mit Pumpen, was jedoch auch nur für kurze Strecken effektiv war. Es war schon dunkel, als ich 10 Kilometer vor Trujillo in Moche landete. »Un hotel«, fragte ich einen Mann an der Straße. »No hay«, bekam ich als Antwort. Auch eine Frau wiederholte, daß es kein Hotel gab, riet mir jedoch zum Pfarrer zu gehen, der sollte schon öfters Touristen aufgenommen haben. Das tat ich dann auch, traf jedoch nur einen Ministranten im Pfarrhaus an. Nachdem ich ihm erzählt hatte, was los war, verschwand er wieder und, als er zurückkam, bat er mich, ihn zu begleiten. Er entschuldigte sich, daß der padre mich nicht empfangen könne, dieser sei jedoch gerade auf dem Weg zur Messe. Also stellte ich schnell mein Rad in ein Zimmer, zog die Hose über meine verbrannten Beine, einen Pullover über das verschwitzte T-Shirt, wischte mir noch den Sand aus dem Gesicht und durfte in der Kirche den Ministranten bis vor den Altar begleiten. Inmitten des Chores saß ich 4 Stunden lang und erlebte die beeindruckendste Messe meines Lebens. Am nächsten Tag lernte ich padre Lefevre aus Kanada kennen. Der Zufall wollte es, daß er aus Montreal kam, der Stadt, in der ich 2 Jahre vorher mein Rad für eine Radtour durch Kanada gekauft hatte. Somit war zumindest schon mal mein Rad ein guter Freund der Kirchengemeinde. Als man am Abend damit begann, mich zu verwöhnen, wußte ich, daß auch ich willkommen war und nicht als Profiteur galt.

Als ich im frisch überzogenen Bett lag, mußte ich an das Pärchen aus dem VW-Bus denken. Was durfte ich alleine schon dadurch erleben, daß ich mir jeden Abend eine neue Unterkunft suchen mußte. Wie originell waren oft meine Schlafplätze, wieviel mehr durfte ich alleine dadurch erleben, daß ich nicht jeden Abend in der gleichen Umgebung schlief.

Außerdem begann ich immer mehr daran zu zweifeln, ob ich noch von Glück oder Unglück reden konnte. Was wäre passiert, wenn ich den Platten nicht bekommen hätte, was wäre passiert, wenn ich mit der perfekten Ausrüstung unterwegs gewesen wäre und alles genauestens durchplant hätte? Nicht viel wäre dann passiert oder zumindest nicht soviel Unerwartetes. War es Glück im Unglück oder einfach nur Schicksal?

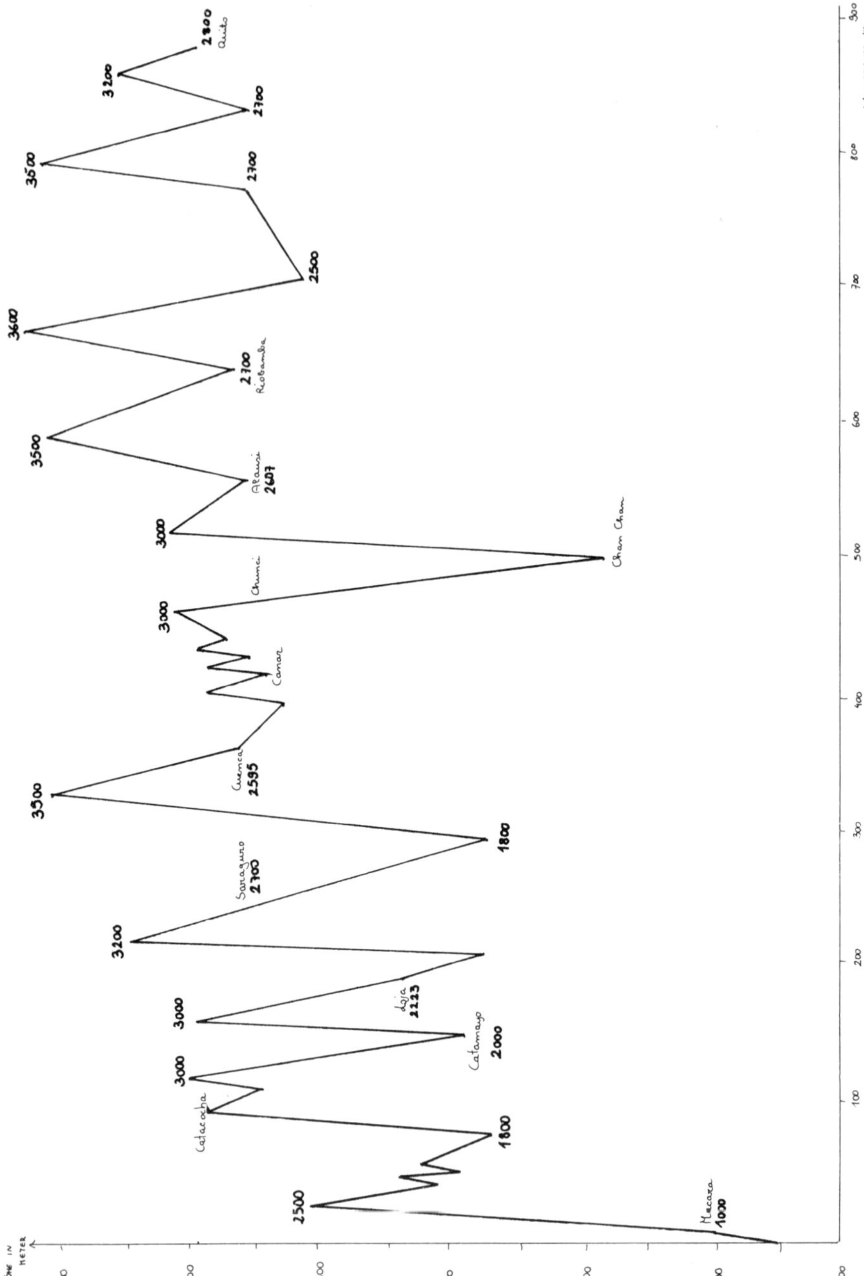

Höhenkurve Macara–Quito

2 LÄNDER, 2 WELTEN

Als ich nach einigen Tagen von Trujillo aufbrach, blieb mir nur noch wenig Zeit, um mich für die Straße nach Quito, der Hauptstadt Ecuadors, zu entscheiden. Von Sullana aus konnte ich entweder der direkten, asphaltierten Panamerikana folgen, wobei diese Straße weiterhin durch die Wüste führte und auch ab der Grenze nicht besonders interessant werden sollte, oder ich konnte auf einem Feldweg direkt in die Berge fahren. Alle Zweifel waren beseitigt, nachdem ich noch ein letztes Mal 700 Kilometer in der absoluten Wüste zurückgelegt hatte. Einen ganzen Tag verbrachte ich in der Sechurawüste, in der ich außer drei Restaurants nichts anderes, was auf Leben hinwies, zu sehen bekam. Ich saß einfach nur noch auf dem Sattel und drückte auf die Pedale, die erste Stunde genauso wie die zweite, die zweite wie die dritte, wie die vierte, die fünfte . . ., die zwölfte. Wie schon der große Bergsteiger Lionel Terray gesagt hatte: »In einer Welt des Nutzens und der Zwecke müsse der Mensch auch an die Eroberung des Unnützen glauben können.« Man hatte mir von einem Amerikaner erzählt, der versucht hatte, mit dem Rad von Feuerland kommend, die 4500 Kilometer Wüste zwischen Santiago und Ecuador zu radeln. Kurz vor Ecuador hatte er aufgeben müssen, weil er spürte, daß er langsam verrückt wurde.

In der Annahme, noch einigermaßen intakt zu sein, jedoch mit einem übermäßig gesättigten Bedürfnis nach Wüste und Sonne, erreichte ich die Grenze. Ich wagte einen Blick zurück und erkannte ein letztes Mal die fast endlose Wüste, während sich vor mir ein undurchdringlich wirkendes Bergmassiv erhob. Während ich mir kurz vorher, noch auf peruanischer Seite, kaum mehr einen Grashalm vorstellen konnte, verschlang direkt nach der Grenze das Dschungelgewächs Efeu das Wüstengewächs Kaktus. Wo immer ich auch hinsah, es war wieder überall grün. Anstelle der Kokosnußmilch »Pipa«, die ich in den Oasen zu trinken bekam, konnte ich jetzt den Durst mit frischen Orangen löschen.

Plötzlich war die Stille der Wüste wieder verschwunden. In den Bäumen zwitscherten Vögel, summten Insekten, oder es raschelten Käfer im Unterholz. Ich konnte wieder rauschende Bäche beobachten, während ich vorher das Geräusch von Wasser nur vernahm, wenn die warme chlorige Brühe aus meiner Wasserflasche meine Gurgel hinunterblubberte.

Ich mußte jedoch auch feststellen, daß nicht nur die Wüste zu Ende war, sondern auch so manches andere. Ich war mit Asphaltstraßen verwöhnt worden. Die schwarze Wüstenstraße war doch nicht endlos und verlor sich hier nicht mehr am Horizont. Nein, ab der Grenze war sie wieder lehmig und steinig und der Horizont, der unmittelbar vor mir lag, war eine mächtige Bergkette der Anden, in der ich den Verlauf der Straße nur bis zur nächsten Kurve verfolgen konnte.

Die 30 km/h, die ich in Nordperu oftmals ohne größeren Aufwand über mehrere Stunden hatte halten können, erwiesen sich in Ecuador schon nach den ersten Metern als unerreichbar. In der Wüste hatte ich immer ein beruhigendes, leises Surren vernehmen können, wenn die Fahrradkette über die Zahnräder des schwersten Ganges glitt, in Ecuador hingegen riß sie, als ich versuchte, im leichtesten Gang den ersten Paß zu nehmen. Ich reparierte sie und begann zu schieben. Nicht selten blieb es dann an den vielen sehr steilen Berghängen auch beim Schieben. Es folgte eine Paßstraße nach der anderen. Stundenlang wanderte ich mit dem Rad an der Hand nach oben, bevor ich auf der anderen Seite in kürzester Zeit wieder ins Tal hinunterrollte. Immer öfters ging mir die Energie aus, um mich fortzubewegen. Dafür war jedoch dem Schauspiel der Natur kein Ende gesetzt. Ich war gezwungen, mir viel Zeit zu nehmen, konnte dabei jedoch die Bergwelt am besten genießen. Immer wieder taten sich neue Täler auf, standen neue Bergkolosse vor mir, lagen wieder andere Dörfer in einer Mulde in die Natur eingebettet, immer wieder entdeckte ich etwas Neues, etwas anderes, was mir wieder und wieder die Energie und den Willen gab, mich vorwärts zu bewegen.

Es war ein einzigartiges Gefühl, aus einem 2000 Meter hoch gelegenen Tal zu starten, sich unter Schweißausbrüchen irgendwie nach oben zu arbeiten, die Wolken, die zwischen 2500–3000 Metern lagen, zu durchbrechen, aus der Bewölkung hinauf in den Sonnenschein zu kommen, wegen der Frische sich wieder einen Anorak anziehen zu müssen und dann aufs Neue durch die Wolke hindurch ins nächste Tal hinunterzurollen.

Bei der Abfahrt nach Chunchi, auf halber Strecke nach Quito, war jedoch dem Hinunterrollen ein Ende gesetzt. Ein Erdrutsch, der sich wenige Tage vor meiner Ankunft ereignet haben mußte, hatte die Straße zerstört. Ein 100 Meter breiter Graben, der die Straße durchbrach, hatte sie für Autos unpassierbar gemacht. Als ich nach wenigen Schritten in der Lehmmasse zu versinken drohte, mußte ich erkennen, daß es diesmal auch zu Fuß nicht so leicht sein sollte. Mit großer Mühe konnte ich den ersten Teil des Grabens überwinden, wobei mein Rad mehrmals bis zu den Achsen einsank und ich kaum den nötigen Halt fand, um es wieder herauszuholen. Zentimeter um Zentimeter zog ich es voran, bis ich es endlich zu einer kleinen Insel geschafft hatte. An eine Umkehr war nicht mehr zu denken, voranzukommen erschien mir jedoch beim Blick auf das noch schlammigere Becken vor mir ganz unmöglich. Schon beim Versuch, den

Wolkenreise in Ecuador

Graben ohne Rad zu durchqueren, versank ich mit einem Bein bis zum Knie im Schlamm. Um aus dem Graben herauszukommen, mußte ich mir Löcher in den Abhang graben, und indem ich vorsichtig ein Bein über das andere setzte, kam ich langsam auf den Grabenrand. Von dort war die Straße schnell erreicht, und was mich optimistisch stimmte, war, daß mich nur wenige Meter von meinem Rad trennten. In denselben Fußstapfen, die ich beim Hinweg gemacht hatte, kehrte ich auch wieder zurück zu meinem Rad. Ich nahm es auf die Schulter und machte mich auf den Weg. Jedoch schon beim ersten Schritt versank ich so tief im Dreck, daß ich das Gleichgewicht verlor, stürzte und mein Rad in den Dreck fallen lassen mußte. Sofort versank dieses im Lehm und war fast nicht mehr herauszubekommen. Dies war das einzige Mal auf der Tour, daß ich mein Rad zu verlieren glaubte. Hilflos zerrte und zog ich daran herum, versank dabei jedoch selber immer mehr und mußte mein Rad vorerst aufgeben. Ich ließ es liegen, watete durch den Graben und besorgte mir große Steine. Damit baute ich mir zuerst eine kleine Brücke zu meinem Rad und kreiste es mit Steinen ein. Dann nahm ich das Gepäck herunter und brachte es in Sicherheit. Erst jetzt gelang es mir, mein Rad zu befreien und es wieder auf die Schulter zu nehmen. Als ich jedoch den Graben hinauf wollte, gab eine der

Stufen nach und wieder landete alles im Dreck. Der Dreck störte mich mittlerweile nichtmehr, so daß ich solange rücksichtslos darin herumstapfte, bis ich mein Rad endlich in Sicherheit hatte. Über eine Stunde hatte es gedauert, um die Fortführung der Straße zu erreichen. Eine weitere Stunde verbrachte ich damit, meinen völlig verdreckten Begleiter bis nach Chunchi, wo alles erst einmal geputzt werden mußte, zu schieben.

GASTFREUNDSCHAFT UND IMMER WIEDER GASTFREUNDSCHAFT

Außer der phantastischen Natur und so manchem Abenteuer auf der Straße bot jedoch auch Ecuador noch mehr.

Durch den Erdrutsch war Chunchi ziemlich abgeschnitten worden. Als ich dort ankam, war die Plaza fast menschenleer. Ein Mann, der mich ankommen sah, kam auf mich zu. Er hatte sofort verstanden, woher ich kam und bot mir seine Hilfe an. Durch den Eingang seines Hauses zog er einen Schlauch und brachte mir eine Bürste. Als er sah, daß ich damit begann, mich abzuspritzen, bat er mich, nur das Rad zu säubern, ich selber könne mich selbstverständlich im Haus heiß duschen. Nachdem mein Rad vom Schlamm befreit war, genoß ich nach langer Zeit mal wieder eine heiße Dusche. Danach zog ich meine zweite Kleidergarnitur an und wollte die anderen Fetzen waschen. Die Frau meines Gastgebers sah mich dabei und meinte nur, daß ich diese alten Lumpen unmöglich noch tragen könne, sondern lieber gebrauchte Kleidung ihrer Söhne anziehen solle. Dankbar schmiß ich alles, was ich nicht mehr brauchte, weg und wollte mit frischer Kleidung und sauberem Rad weiterreisen. Man hielt mich jedoch zurück und bat mich, noch zum Essen zu bleiben. Beim Essen wollte man mich dann dazu überreden, mit dem Auto weiterzufahren. Der Familienvater sollte noch am Nachmittag nach Quito aufbrechen und wollte mich unbedingt dorthin mitnehmen. Er wollte mir die nächste sehr lange Auffahrt ersparen. Wieder war es gar nicht so einfach zu erklären, daß ich für die mehr als großzügige Hilfe sehr dankbar war, nur letzteres unter keinem Umstand annehmen wollte.

Ich bat noch um die Adresse, damit ich von Luxemburg aus schreiben konnte, gab ihnen meine Adresse, damit sie jederzeit auch meine Gäste werden konnten und brach auf.

Der Erdrutsch bei Chunchi

Von Chunchi aus ging es wieder 1500 Meter hinunter, bevor die Auffahrt zum 3600 Meter hohen Paß begann. Man hatte nicht Unrecht, als man mich vor der langen Auffahrt gewarnt hatte. Sie erinnerte mich an so manche Bergstrecke in Bolivien. An einem Nachmittag wollte der Familienvater mit seinem Auto nach Quito fahren, ich brauchte eine Woche. Von Tag zu Tag wurde ich langsamer und müder, durfte mich noch einige Tage bei einem Entwicklungshelfer ausruhen und verbrachte noch eine Nacht auf einer Polizeistation, als ich abends absolut nicht in der Lage war, in das nächste Dorf zu radeln. Die gastfreundliche Polizei überreichte mir nicht nur eine warme Decke für die Nacht, sondern schenkte mir am nächsten Tag bei meiner Abfahrt auch noch eine Kassette mit ecuadorianischer Volksmusik und Widmung.

Dabei wurde mir bewußt, daß man in Ecuador überall willkommen ist.

VORERST DIE NASE VOLL VOM RADFAHREN

Gastfreundschaft und Natur standen in Ecuador in einem harmonischen Verhältnis. Der Paß, den ich hinter Chunchi erreichte, war das Tor zur Vulkanallee. Ich war wieder auf einem Hochplateau, auf dem die freundlichen Indios ihre Schafe hüteten. Als man gerade dabei war, vom ecuadorianischen Whisky zu nippen, rief man mich zu sich und bot mir davon an. Was tat der gut. Schwäche und Kälte waren wie weggeblasen. Im Zustand des leichten Rausches war es für die Indios leichter erträglich, ohne zu essen, ohne zu ruhen, die Schafe zu hüten und auch für mich viel leichter, weiterzuradeln. Ich radelte vorbei an den Vulkanen Chimborazo, Tungurahua, Cotopaxi..., die die gut asphaltierte Straße nach Quito säumten. Der höchste aktive Vulkan der Erde, der Cotopaxi, war gerade aus meiner Sicht verschwunden, als der Verkehr plötzlich zunahm. Ich mußte wieder meinen Helm aufsetzen und rollte hinein in eine Smogwolke. Häuser drängten sich dicht aneinander, die Straßen waren wieder hoffnungslos mit Autos überfüllt..., ich war wieder in einer Großstadt, in der die Technik allen Platz für Mensch und Tier eingenommen hatte, wieder eine Stadt, die es so schnell wie möglich zu verlassen galt.

Da ich nach einem kurzen Abstecher in den Dschungel vom Amazonas wieder nach Quito zurückkommen wollte, ließ ich einen großen Teil meines Gepäcks im Hotel zurück und zog fast nur mit meinem Rad los. Teils

Der Chimborazo (6310), höchster Berg Ecuadors entlang der Vulkanenallee nach Quito

Als die Straßen endeten, verlud ich meinen treuen Gefährten aufs Kanu

radelnd, teils auf Lastern, erreichte ich am Abend Coca, ein Dschungeldorf, in dem die Straße ihr Ende fand. Um noch weiter in den Dschungel vordringen zu können, ließ ich mich mit einem Amerikaner und meinem Rad auf einem Kanu weiter flußabwärts zu einer Rinderfarm bringen, von wo aus wir einige Exkursionen in die grüne Welt des Dschungels starteten. Hitze und Regen ließen mich jedoch sehr bald Reißaus nehmen, so daß ich von Coca aus mit Lastern auf dem schnellsten Weg in die Berge nach Banos zurückkehrte.

Von Banos aus, einem Kurort mit Thermalbädern, kletterte ich gemeinsam mit einem Schweizer auf den Vulkan Tungurahua. Hierbei und auch beim Besuch der berühmten Märkte von Saquisili, Saraguro und Otavalo durfte mein treuer zweiradiger Begleiter im Hotel zurückbleiben und sich dort ausruhen.

Wovon auch immer mir Reisende von Ecuador vorgeschwärmt hatten, es traf zu: ob es die spektakulären Vulkane waren, die farbenprächtigen Indiomärkte oder die Freundlichkeit der Ecuadorianer, ich konnte allem beipflichten.

In der Hoffnung, daß nicht alles, was ich gehört hatte, auch auf mein nächstes Ziel, nämlich das Land Kolumbien, zutraf, reiste ich nach Quito zurück, holte meine Sachen und setzte meine Reise per Rad fort. Ich feierte noch meinen 20. Geburtstag genau auf der Äquatorlinie und stand einige Tage später an der kolumbianischen Grenze.

Wo sich die Welt in ihre zwei Hemisphären teilt

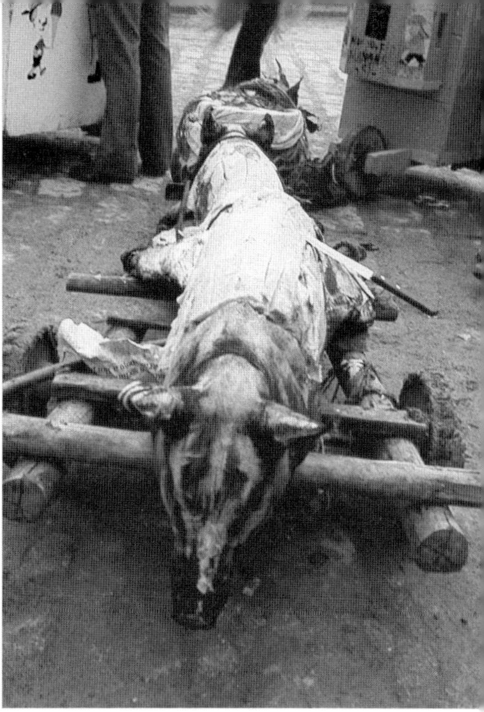

Otavalenierinnen beim Einkauf von Wolle

Schweineleben in Saraguro

Der Markt von Saquisili

KOLUMBIEN: GEHÖRTES – ERLEBTES

Als ich beim ecuadorianischen Zollbeamten stand, hatte ich doch ein sehr flaues Gefühl im Magen. Zu gerne hätte ich, wie die anderen Touristen, die mir von Kolumbien abgeraten hatten, in einem Flugzeug nach Panama gesessen. Dazu fehlte mir jedoch das Geld.

Als ich den Stempel hatte, trat ich den Weg zum kolumbianischen Zöllner an. Bei jedem Schritt dachte ich an die vielen Geschichten, die ich schon allein über die Grenzübergänge gehört hatte. Es mußte sehr oft vorgekommen sein, daß Zöllner bei Gepäckkontrollen nichtsahnenden Touristen Drogen in den Rucksack gesteckt hatten und sie in Gegenwart anderer Zöllner wieder hervorgeholt hatten. Drogenschmuggel wird auch in Kolumbien schwer bestraft und wer sich dabei erwischen läßt, riskiert eine lange Gefängnisstrafe. Nur indem der Betroffene sich freikauft, kann er der Strafe entgehen. Ein unschuldiger Franzose wurde auf diese Art und Weise um 600 US-$ betrogen, ein anderer Unschuldiger verlor ebenso bei einer Hotelrazzia 300 US-$, und genauso hatten sie einem Engländer an der Grenze, an der ich stand, 100 US-$ abgenommen. Ich versuchte, die Gedanken daran zu verdrängen und beschäftigte mich mit der Frage, ob man mich überhaupt einreisen lassen würde. Immer wieder wurden Touristen an der Grenze zurückgewiesen, weil sie kein Flugticket hatten, das dem Zöllner garantieren sollte, daß der Einreisende das Land auf dem Flugweg wieder verlassen würde. Dieses Problem versuchte ich zu umgehen, indem ich mir auf der kolumbianischen Botschaft in Quito eine Bestätigung geholt hatte, auf der vermerkt war, daß ich mit meinem Rad nach Venezuela reisen würde und somit Kolumbien mit eigenem Vehikel verlassen würde. Daß ich nie nach Venezuela wollte, spielte keine Rolle.

Plötzlich war es soweit. Ich stand vor einem gelangweilt wirkenden Zöllner, dem ich meinen Paß zeigte. Er sah ihn sich aufmerksam an und holte ein Buch aus der Schublade. Daraus ging hervor, daß an dieser Grenze schon länger kein Tourist mehr in Kolumbien eingereist war. Fein säuberlich trug er meinen Namen und die Paßnummer ein und legte es wieder weg. Dann fragte er mich tatsächlich nach einem Flugticket. Überrascht zeigte ich ihm den Zettel des Botschafters, erzählte ihm, daß mein Vater ein Bekannter des Botschafters sei und ich das schöne Kolumbien, von dem ich schon viel gehört hätte, mit meinem Rad bereisen wollte. Er las den Zettel durch und fragte mich dann nach meinem Geld. Bargeld, erklärte ich ihm, sei viel zu gefährlich und zeigte ihm nur meine Schecks und die Kreditkarte. Damit wäre für ihn eine Erpressung schon sehr viel komplizierter geworden, wenn er auch nicht wissen konnte, daß meine Geldscheine in den Hosentaschen eingenäht waren und zwischen den Schuheinlagen sowie in einer Schachtel mit Malariaprophylaxen versteckt waren. Er nickte zufrieden mit dem Kopf und bat mich, mein Gepäck sehen zu dürfen. Nur das nicht, dachte ich mir, mußte mich jedoch fügen. Kaum stand er vor meinem Gepäck, bat ich darum, selber alles auspacken zu dürfen. Als er mir diesen Wunsch gewährte, wußte ich, es war überstanden. Er wollte mir kein Rauschgift ins Gepäck stecken. Zufrieden packte ich meinen Krempel aus und dann auch wieder ein und hatte freie Fahrt. Ich war in Kolumbien.

Die Landschaft war ähnlich wie in Ecuador, nur die Straßen viel besser. Ich war gerade dabei, wieder auf einen Paß zu radeln, als ich hinter mir wildes Geschrei vernahm. Sofort dachte ich an die Geschichten, die ich von Überfällen auf offener Straße am hellichten Tag gehört hatte. Das Geschrei kam jedoch von Radrennfahrern, die für den nächsten Wettkampf trainierten. »Eviva el ciclismo«, riefen sie mir zu und rasten an mir vorbei, den Berg hinauf. Einer von ihnen radelte kurz neben mir und bat mich, etwas zu nehmen. Noch bevor ich ihn wieder wegen irgendeiner Geschichte verdächtigen konnte, bat er mich, ihm meine Hand hinzustrecken. Er schenkte mir mit den Worten: »Kauf dir etwas zu trinken«, einen Geldschein, den ich auf keinen Fall annehmen wollte. Bevor ich ihn jedoch einholen konnte, um ihm das Geld zurückzugeben, war er schon verschwunden.

Eine Hand wäscht die andere, dachte ich mir und schenkte auf dem Paß einem Radsportler, der einen irreparablen Platten hatte, einen meiner 5 Ersatzschläuche.

Die erste Nacht in Kolumbien verbrachte ich in Pasto. Als ich abends in ein Kino gehen wollte, warnte mich der Hotelbesitzer vor den Überfällen auf der Straße.

Es passierte zwar nichts, aber plötzlich war wieder dieses beklemmende Gefühl da. Es war nicht loszuwerden und erschwerte meinen Kolumbienaufenthalt sehr.

Auf dem Wege zur nächsten Stadt überholte mich am folgenden Tag ein Polizeiauto. Polizei! Jetzt wird es gefährlich, dachte ich mir nach all dem, was ich über die kolumbianische Polizei schon gehört hatte. Lachend baten mich zwei Polizisten zu halten. Ich wollte schon meinen Paß herausholen, als ich nach der Herkunft gefragt wurde. Sofort versuchte ich das Gespräch auf ein für mich günstiges Thema zu lenken und begann von Luxemburg zu erzählen. Als ich ihnen auch noch Postkarten zeigte, waren sie vor Begeisterung kaum mehr zu bremsen. Sie wollten mich in die nächste

Stadt mitnehmen, da der bevorstehende Paß sehr lang sein sollte, verstanden jedoch, daß ich lieber mit dem Rad weiter wollte. »Ciclistas colombianos mui buenos«, lobten sie ihre Radsportler und gestanden mir, daß sie einen Radfahrer gut verstehen könnten. Ich sei in Kolumbien willkommen. Daß ich tatsächlich willkommen war, zeigte man mir wieder am Abend. Ich konnte die nächste Stadt nicht mehr erreichen und wurde deshalb auf eine ärmliche Farm eingeladen. Das wenige Essen, das man für die große Familie vorbereitet hatte, wurde mit mir geteilt, als gehörte ich zur Familie. Ich widersprach nicht mehr, da ich wußte, daß es lateinamerikanische Gastfreundschaft war.

Noch ein Paß fehlte mir, bevor ich Cali, die Großstadt im Süden, erreichen würde. Als ich oben ankam, pfiff mir ein Mädchen aus einer Schnellimbißstube hinterher. Ich radelte zu ihr und sah, wie drei Mädchen miteinander zu tuscheln begannen. Sie boten mir Kaffee und Kuchen an und wollten vieles über die Reise wissen. Plötzlich fragte mich eine von ihnen, ob ich nicht einen japanischen Radfahrer getroffen hätte und zeigte mir Postkarten aus den USA, Japan und eine aus Bolivien. Sie erzählte mir, daß sie den Japaner genauso wie mich kennengelernt hatte, und er ihr immer wieder Postkarten schicken würde. Er war schon seit mehreren Jahren mit dem Rad unterwegs und, der letzten Postkarte nach zu urteilen, vor kurzem noch in Bolivien gewesen. Sie erwartete ihn jeden Tag. Wir unterhielten uns noch, ich notierte mir ihre Adresse, versprach ihr zu schreiben und radelte weiter.

Nach Cali mußte ich einen letzten Paß der Anden überqueren. Wieder versuchte ich mit einer Gruppe Radrennfahrer mitzuhalten, wurde jedoch wieder nach einigen hundert Metern abgehängt. Oben beim Kilometer 18 warteten sie dafür mit einer frischen Papaya auf mich. Während sie ihre Trainingsstrecke wieder zurückrollten, fuhr ich in der anderen Richtung hinunter nach Buenaventura an den Pazifik. Buenaventura ist der größte kolumbianische Hafen am Pazifik und wichtiger Umschlagplatz für Waren aus der ganzen Welt. Ich hoffte, von dort ein Schiff nach Panama zu bekommen. Zwei Tage lang rannte ich von einem Kapitän zum anderen und bat um eine Mitfahrgelegenheit für mich und mein Rad. Der einzige, der sich bereit erklärte, mich mitzunehmen, war ein Japaner. Bedauerlicherweise war er unterwegs nach Japan, was leider außerhalb meiner Route lag.

Es wäre zu schön gewesen, mit einem Schiff weiterzukommen, sollte jedoch wegen Gesetzen und Verantwortungsgefühl der Kapitäne auch weiterhin nur ein Traum bleiben.

Also gab es für mich nur noch eine Lösung, die undurchdringlichen

Ob ich nicht ihren Freund kennen würde, einen japanischen Radfahrer, der schon seit Jahren auf Weltreise ist, wollte eine der Kolumbianerinnen wissen, als ich Postkarten aus Luxemburg herzeigte.

Ein Radfahrer ist in Kolumbien nie allein

Dariensümpfe zwischen Panama und Kolumbien zu überbrücken. Ich ließ mich von einem Laster nach Medellin mitnehmen und flog von dort aus nach Panama.

Ohhh! DIESE GRENZEN

Es war ein tolles Gefühl, durch Kolumbien gereist zu sein und nur gute Erfahrungen gemacht zu haben. Vielleicht würden viel mehr Touristen anders über Kolumbien reden, wenn sie nicht nur Gehörtes weitererzählten, sondern ihre eigenen Erfahrungen sammeln gingen.

Im Flugzeug stimmte mich ein Blick aus dem Guckloch traurig. Unter mir verschwand Südamerika. Was erwartete mich in Mittelamerika?

Meine Unbefangenheit hatten mir wieder die Touristen genommen, die vom Norden kamen und Panama als mindestens genauso gefährlich schilderten, wie andere Touristen Kolumbien. Besonders beunruhigt war ich jedoch wegen der Weltpresse, die täglich Berichte von den Grenzkämpfen zwischen Honduras und Nicaragua, dem Bürgerkrieg in El Salvador, den Terroristen in Guatemala... brachte.

Mein Entschluß war zwar nicht, koste es was es wolle, über Land nach Mexiko zu kommen, ich wollte es jedoch wenigstens versuchen. Diesen Entschluß faßte ich beim Überfliegen der sicherlich phantastischen Strecke zwischen Medellin und Panama. Ich kam zwar schnell voran, konnte jedoch nichts erleben. Schon bei der Landung freute ich mich wieder auf das Radfahren und das intensivere Erleben dabei. Davor mußte ich jedoch noch so einiges regeln.

Ich wußte, daß für Panama die gleichen Einreisebedingungen galten wie für Kolumbien. Zwar hatte ich mir in Medellin auf dem panamaischen Konsulat ein ähnliches Dokument, wie in Quito für Kolumbien, besorgt, war jedoch trotzdem nervös. Dann stand ich auch schon vor dem Zollbeamten, legte ihm meine Papiere vor und beobachtete ihn.

Wo mein Ausreiseticket sei, wollte er wissen. Sofort erklärte ich ihm, daß ich keines bräuchte, weil ich als Ersatz das Schreiben vom Konsulat bei mir führte.

Meine Papiere seien nicht in Ordnung, unterstellte er mir und bat mich zu warten, bis alle anderen vorbei seien. Minuten der Aufregung vergingen. Ich wurde immer nervöser, bis endlich der letzte Passagier durch den Zoll war. Sofort wandte ich mich wieder an den Vorgesetzten.

Wo ich denn herkomme, wo ich hinwolle, wie ich unterwegs sei, wie lange ich schon reise…, alles wollte er wissen. Er überprüfte alle meine Dokumente, kontrollierte nochmal meinen Paß, mein Gepäck und mein Fahrrad. Ich mußte ihm meine Schecks zeigen und erst als er die Kreditkarte sah, schien er zufrieden zu sein.

In Peru traf ich einen deutschen Radfahrer, dem man den Zutritt nach Guatemala verwehrt hatte, weil er nicht in der Lage war, dem Zöllner alle Fragen auf spanisch zu beantworten. Deshalb versuchte ich so gut wie möglich jede Antwort besonders ausführlich zu formulieren, und wenn ich selber nicht verstand, was ich sagte. Erst auf die Frage, wo ich denn in Panamacity wohnen wollte, mußte ich gestehen, daß ich mich noch nicht für ein Hotel entschieden hatte. Tatsache war, daß ich in Panama sicherlich nicht im Hotel schlafen würde, weil sie fast unbezahlbar waren.

Ich erschrak, als der Zöllner ein Hotel mit internationalem Ruf aufschrieb, dessen Preis ich unmöglich hätte bezahlen können. Die Jagd auf Devisen war in Lateinamerika sicherlich eine der schlimmsten Staatskrankheiten. Als ich endlich den Zoll hinter mich gebracht hatte, war es draußen bereits dunkel geworden. In der klimatisierten Flughafenhalle begann ich damit, mein Rad zu montieren und als ich damit fertig war, genügte ein Blick auf die Uhr, um zu wissen, daß ich unter keiner Bedingung mehr nach Panamacity hinreinradeln würde. Sogar das Flughafenpersonal war davon überzeugt, daß ich um diese Zeit in Panamacity ganz sicher überfallen werden würde.

Verzweifelt wollte ich die Flughafenhalle verlassen, verzweifelte jedoch noch mehr, als mir durch die offene Tür eine feuchtwarme Wolke entgegen kam. Es war nicht zu fassen, welch eine Hitze mich mitten in der Nacht empfing. Fröstelnd begann ich damit, mich in der klimatisierten Halle auszuziehen und wagte mich mit einem dünnen T-Shirt und einer Turnhose bekleidet nach draußen. Binnen Minuten war alles von Schweiß durchtränkt. Er lief mir in Bächen über das Gesicht, als dem ersten Übel gleich ein zweites folgte. Schon bei der Montage meines Rades mußte ich feststellen, daß die Pedalengewinde nicht mehr im besten Zustand waren, und als ich die Pedale wieder belastete, ging das Gewinde des rechten Pedals kaputt, so daß es herausfiel. Es war wieder mal der Zeitpunkt gekommen, an dem das Fahrrad nicht mehr weiterzumachen schien.

Nur nach wenigen Metern Schieben kam ich an einer Polizeistation vorbei, wo ich meine Situation schilderte. Man hatte Verständnis, und ich durfte auch diese Nacht unter dem wachsamen Auge des Gesetzes verbringen, wenn auch auf meiner Einreisegenehmigung das Hotel mit internationalem Ruf vermerkt war.

SORGENKIND FAHRRAD

Panamacity betrat ich am nächsten Morgen nur, um mir die notwendigen Ersatzteile zu kaufen. Dadurch hatte ich ein erstes großes Loch in meinem Reisebudget.

Kaum hatte ich die Brücke über den Panamakanal überquert, überraschte mich ein zweites technisches Problem. Drei Zahnräder der hinteren Übersetzung waren derart verschlissen, daß die Kette zu springen begann und ich nur noch 6 der 10 Gänge benutzen konnte.

Ich radelte noch ein wenig, mußte jedoch feststellen, daß es unmöglich gewesen wäre, in diesem Zustand nach San José, der Hauptstadt Costa Ricas zu kommen. Da mir der Zöllner am Flughafen nur vier Tage Aufenthaltsgenehmigung gegeben hatte, zögerte ich nicht lange, sondern stieg auf einen Lkw.

Schon von Ecuador aus hatte ich meinen Eltern eine Liste mit notwendigen Ersatzteilen geschickt, die sie mir auf die Deutsche Botschaft von San José schicken sollten.

San José war schnell erreicht, und mein erstes Ziel war natürlich die Deutsche Botschaft. Wieder betrat ich ein gut bewachtes Gelände, nahm noch ein verabredetes Telefongespräch von zu Hause in Empfang, fragte jedoch vergeblich nach meinem Paket. Auch in den nächsten Tagen kam es nicht an, so daß ich mich entschloß, in der Zwischenzeit an die Karibik hinunterzufahren.

Für umgerechnet 3 DM kaufte ich mir eine Fahrkarte für die 166 Kilometer zum Meer. Acht Stunden sollte der Zug brauchen, um vom 1150 Meter hochgelegenen San José hinunter an die Küste zu gelangen. Mit dem Rad wäre ich womöglich schneller gewesen, hätte jedoch nie soviel gesehen.

Nachdem wir die Zivilisation verlassen hatten, begann die Abfahrt in Richtung Meer. Die Strecke führte durch das Reventazontal und war beidseitig mit meterhohem Gras bewachsen. Irgendwann hielt der Zug an, und alles sprang aus den hölzernen Waggons. Es war wieder schwül geworden und wurde von Kilometer zu Kilometer noch schwüler, noch tropischer.

Alles schwitzte in den Waggons ohne Türen, ohne Fenster, in denen nicht einmal die Zugluft mehr abkühlte.

Gegen Spätnachmittag waren wir endgültig aus den Bergen heraus. Die Strecke führte durch riesige Bananenplantagen und an baufälligen Holzhütten vorbei. Die vorwiegend schwarze Bevölkerung lag in Hängematten

Die Wartezeit auf Ersatzteile verbrachte ich mit einer Zugfahrt an die Karibische See.

Zu Hunderten kommen im Nationalpark »Tortuguero« die Schildkröten an Land, legen ihre Eier und verschwinden wieder in den Fluten der Karibischen See

Menschenleere Karibikstrände in Costa Rica

herum und wippte entspannt in der frischen Abendluft. Dann endlich erreichten wir die Küste. 16 Kilometer fuhren wir noch an einem der paradiesischen Karibikstrände entlang. Mit Schaumkronen bedeckte Wellen rollten über das Meer. Ein Streifen mit feinstem weißen Sand grenzte das schwarzblaue Wasser des Atlantiks von einem Wald aus Palmen ab. In den Kronen der meterlangen Palmen, die manchmal bis ins Meer hineinhingen, gediehen wuchtige Kokosnüsse, und während sich immer wieder Wellen am Strand brachen, rollten wir unaufhaltsam auf unseren zwei Schienen bis ins Zentrum von Puerto Limon hinein, wo Christoph Kolumbus auf seiner vierten und letzten Reise an Land gegangen war. 4000 Menschen mußten ihr Leben lassen, als sie diese Strecke, bekannt als eine der schönsten der Erde, 1870 bauten.

Ich empfand es, als würden die Überlebenden heute noch triumphieren. Noch spät am Abend waren aus sämtlichen Bars in Puerto Limon die Klänge karibischer Musik zu hören. In der warmen Nacht standen überall vor den Bars angeheiterte Schwarze mit freien Oberkörpern herum und tanzten im Takt der Musik. In kleinen Gruppen sangen sie oder trommelten im Rhythmus auf die Holzwände der Häuser. Ich lag schon lange im Bett, während draußen auf der Straße das Treiben bis in die Morgenstunden weiterging. Nachdem ich ausgeschlafen hatte, spazierte ich ein wenig durch die Stadt. Die halbe Stadtbevölkerung lag in Hängematten oder auf dem Boden vor den Häusern und in den Hauseingängen. Als ich über all dies lachen mußte, wußte ich, ich war doch noch ein Europäer. Nach dem Frühstück begab ich mich an den Karibikstrand, dachte an die Langschläfer und bedauerte sie wegen des verpaßten sonnigen Tages. Am Abend mußte ich feststellen, daß ich als Europäer noch viel zu lernen hatte. Mit aller Energie hatte die Sonne den ganzen Tag über vom stahlblauen Himmel auf den weißen pulvrigen Sandstrand gebrannt, so daß ein starker Sonnenbrand nicht lange auf sich warten ließ. Deshalb lag ich am Abend mit sonnenverbrannter Haut früh im Bett, während die Langschläfer wieder feierten.

Am nächsten Tag lernte ich einen Israeli kennen, und wir entschlossen uns, gemeinsam zum Nationalpark »Tortuguero«, dem Schildkrötenpark, zu fahren.

Der einzige Weg dorthin war ein Kanal am Meer entlang, auf dem kleine Boote Einwohner und Proviant transportierten. Wir fanden sehr schnell jemanden, der uns gegen ein geringes Entgelt mitnahm und setzten unseren Trip per Kanu fort. Die Tagestour war schlicht einmalig. Das Flußufer war extrem verwachsen. Eine undurchdringliche, grüne Barriere aus Gummibäumen und Palmen, durchwachsen von Kletterpflanzen und hohen

Gräsern, trennte uns von den Bergen und dem Ozean. Am Flußufer lagen gewaltige Baumstämme und Wurzeln, auf welchen sich Wasserschildkröten sonnten. Als sie uns kommen sahen, hechteten sie ins Wasser und brachten das fast stehende schwarze Gewässer in Bewegung.

Oben in den Bäumen schwangen sich weiße Affen von Ast zu Ast. Immer wieder erhob sich ein bunter Vogel aus dem grünen Dickicht, oder es zirpte und kreischte ein Insektenschwarm.

Am Abend erreichten wir Tortuguero, ein Dorf, das aus einigen Strohhütten bestand. Es war unser Ausgangspunkt, um nachts hinaus zum Strand zu gehen und die gewaltigen, grünen Schildkröten beim Eierlegen zu beobachten. Zu Hunderten kamen sie nachts an den Strand, entfernten sich bis auf hundert Meter vom Meer, gruben ein Loch, legten bis zu hundert Eier und kehrten nach einigen Stunden wieder zurück in die Fluten.

Außerdem konnte man von Tortuguero aus interessante Touren in den Dschungel machen. Um jedoch noch weiter in den Dschungel vorzudringen, mieteten wir uns bei einem Dorfbewohner ein Kanu und begaben uns damit flußabwärts in die grüne Welt hinein. Nach einiger Zeit Paddeln erreichten wir einen Sumpf, der zu herausfordernd war, um nicht erforscht zu werden.

Während ich vorne die wuchtigen Sumpfgräser auf die Seite drückte, paddelte Arik, der Israeli. Das Berühren der teils messerscharfen Gewächse an der Kanuaußenwand verursachte ein Knatschen, das nur durch das Geräusch des Wassers, wenn Arik das Paddel eintauchte, unterbrochen wurde. Ansonsten war es still um uns herum, als ein lautes Klatschen von einem Gegenstand, der ins Wasser gefallen sein mußte, zu hören war. Erschrocken fuhren wir zusammen und bewegten uns nicht. Es wurde wieder totenstill. Wir suchten das Gelände ab und konnten weit oben in den Baumwipfeln riesige Echsen erkennen. Sie kletterten über die Äste hinaus, setzten zum Sprung an und stürzten sich 20 Meter ins Wasser hinunter. Es klatschte und war augenblicklich wieder still. Beruhigt paddelten wir weiter. Plötzlich merkte ich, wie das Kanu zu schwanken begann. Ich drehte mich besorgt um und bekam einen wahnsinnigen Schrekken, als ich sah, wie Arik eine faustdicke, feuerrote Spinne von seiner Schulter zu entfernen versuchte. Sie krabbelte auf seinen Rücken, so daß er sie nicht entfernen konnte. Also drehte ich mich reflexartig um und wollte sie mit der Hand ins Wasser werfen, als im selben Moment das Boot kenterte. Die Spinne war zwar verschwunden, dafür hingen wir jetzt mitten im Sumpf an unserem umgedrehten Holzkanu. Dabei bekamen wir erst ein wenig Panik, brachen dann jedoch in ein lautes Gelächter aus. Es war einfach zu komisch oder vielleicht auch der Galgenhumor, der uns kaum mehr zu lachen aufhören ließ. Als wir uns wieder beruhigt hatten, schwammen wir einen Holzstamm an, drehten das Kanu darauf um, entfernten mit einer Kokosnußschale das Wasser und versuchten, wieder einzusteigen. Mit durchtränkter Kleidung paddelten wir zurück in Richtung Tortuguero. Als wir den Sumpf verlassen hatten und uns im Strome des Flusses treiben ließen, machte ich Arik auf etwas am Flußufer aufmerksam. Wir paddelten dorthin und entdeckten einen 2 Meter langen toten Alligator. Wortlos kehrten wir nach Tortuguero zurück.

Von dort ging es per Kanu und Bus zurück nach San José, wo ich mit großer Enttäuschung meine Post aus Europa noch immer nicht vorfand. Mir war klar, daß man sie gestohlen hatte. Ich wartete noch einige Tage, kaufte mir die Ersatzteile, die ich finden konnte, reparierte mein Rad so gut es ging und verließ San José ohne Post. Es war das erste Mal, daß ich merkte, wie mir die Nachrichten aus Europa fehlten. Die Post von Eltern und Freunden war sicherlich die wichtigste Antriebskraft überhaupt auf dieser Reise.

In der Hoffnung, daß mich ein Besuch im Wolkenwald Santa Rosa, im Norden des Landes, aufheitern würde, setzte ich wieder zu einer Bergfahrt an. Auf halber Strecke verletzte sich jedoch mein treuester Gefährte aufs

Sorgenkind Fahrrad beim Schweißarzt

neue. Diesmal verlor er das linke Pedal. Ein Bus fischte uns auf und nahm uns mit hinauf in die Berge.

Beim Besuch dieses einzigartigen Wolkenparks, in dem die schneeweißen Wolken durch das Dickicht eines subtropischen Waldes jagten, versuchte ich das Leid meines Rades ein wenig zu verdrängen.

Ein Schuhlieferant brachte mich zurück zur Hauptstraße und nahm uns mit zu seinem Freund, der eine Autowerkstatt besaß. Ich hatte unmöglich genug Geld, um mir eine neue Pedalachse zu kaufen, als der Automechaniker jedoch eine tolle Idee hatte. Das Pedal einfach anzuschweißen war deshalb nicht möglich, da die Achse aus Aluminium war und das Pedal aus Stahl und man beim Schweißen das Aluminium kaputt gemacht hätte.

Also drückten wir die Pedale durch das kaputte Gewinde, setzten hinter der Achse eine Stahlscheibe auf und verschweißten diese mit dem Stahlstift der Pedale.

Es hätte gar nicht besser halten können, so daß ich damit ohne Probleme bis zur Grenze nach Nicaragua kam.

NICARAGUA: ALLES NUR HALB SO SCHLIMM

An der Grenze, noch in Costa Rica, lernte ich einen Holländer und einen Engländer kennen, die mir rieten, mein Geld schwarz zu tauschen. Ein Costaricaner gab uns für unsere Dollars das 10fache von dem, was uns eine Bank in Nicaragua gegeben hätte. Mit den Taschen voller Geld war es das erste Mal, daß ich mich wie ein echter Gringo fühlte.

Der erste Eindruck von Nicaragua wurde durch die zerbombten Häuser am Wege zum nicaraguanischen Zollhaus geprägt. Die Kontrolle meiner Papiere war jedoch genauso Routine wie in anderen Ländern auch.

Um 4.00 Uhr nachmittags standen wir in Nicaragua. Da ich, wie auch Desmond und Koss, am nächsten Tag unbedingt in Managua, der Hauptstadt, sein wollten, entschlossen wir uns, zu dritt den Bus zu nehmen. Als wir den Busbahnhof erreichten, blieb uns die Spucke weg. Es gab noch genau einen Bus nach Managua und diesen konnte man im Menschenauflauf kaum sehen. Das ganze Dorf schien verreisen zu wollen, wenn auch nur Platz für eine nicaraguanische Großfamilie war.

Der Bus fiel also aus. Ratlos liefen wir herum und überlegten nach einer Alternative. Lächelnd meinte Koss: »Kommt, wir fahren mit dem Taxi.«

Wir lächelten zurück. Es waren 140 Kilometer nach Managua. Wir machten uns lustig über Koss, als er den Taxifahrer nach dem Preis fragte. Die Antwort, die er erhielt, war dann jedoch der beste Witz. In Pesos war es eine mehrstellige Zahl, also für einen Nicaraguaner eine unerschwingliche Summe. Für uns »Gringos« waren es umgerechnet für jeden 8 DM.

Ohne zu zögern, schnürten wir mein Rad auf das Dach und fuhren los.

Nach zweistündiger Fahrt hielten wir vor einem schönen weißen Häuserblock. Da er von Grasflächen umgeben war und außer ein paar kaputten Häusern nichts zu sehen war, sprach ich unseren Fahrer nochmal auf unser Ziel an: »Vamos a Managua!«

Er antwortete darauf: Wir sind in Managua, mitten im Zentrum, beim Hotel Interconti. Verunsichert stiegen wir aus, luden das Rad ab und liefen durchs »Zentrum«. Alle 100 Meter standen ein paar Häuser, die einen als Ruine, die anderen beim Aufbau. Dazwischen lagen große Flächen mit Nichts, ein bißchen Erde, ein bißchen Gras und manchmal ein Baum. Geschäfte gab es keine, Cafés gab es keine und Menschen waren auch nicht viele unterwegs. Auf den Straßen fuhren ein paar kaputte Autos, denen von vielen Polizisten die Richtung gewiesen wurde. Zweimal kontrollierte ein Polizist unsere Dokumente, woraufhin wir direkt nach einem Hotel fragten. Über zwei Stunden liefen wir uns die Füße wund, bis wir endlich ein Hotel hatten. Im toten Nicaragua war die Hölle los. Alle Hotels waren mit Ausländern überfüllt. Aus der ganzen Welt waren Leute angereist gekommen, um am nächsten Tag, dem 19. Juli, gemeinsam mit den Nicaraguanern den 5. Jahrestag der sandinistischen Revolution zu feiern. Zwei Deutsche in unserem Hotel, die schon seit einiger Zeit aus Solidarität mit der nicaraguanischen Bevölkerung im Norden des Landes auf einer Gemüsefarm arbeiteten, erzählten uns von der Stadt. »Im Dezember 1972 war ein großer Teil von Managua durch ein Erdbeben zerstört worden. Das Geld von den weltweiten Hilfsorganisationen floß in die Kassen des Diktators Somoza, der dafür seine Villen in den Ländern errichtete, aus denen die Spenden für die Bevölkerung kamen. Unter der Herrschaft von Somoza wurde also nichts aufgebaut, sondern im Bürgerkrieg 1978–79 nur noch mehr zerstört. Erst als Somoza 1979 entmachtet wurde, begannen die Sandinisten mit dem Wiederaufbau. Noch immer fehlt dafür jedoch das Geld, da der Krieg an der honduranischen Grenze fast jeden Cordoba, die dortige Währung, verschlingt. Managua ist zwar nicht mehr wie vorher ein Trümmerhaufen, jedoch indem man die Trümmer wegräumt, erhält man noch lange nicht das, was man Stadt nennen könnte. Am Morgen des nächsten Tages versammelten sich in der ganzen Stadt kleine Menschengruppen, die langsam durch die Straßen zogen und sich immer mehr zu

Mit meinem verletzten Rad auf einem Taxidach unterwegs in die Hauptstadt Nicaraguas

einem großen Haufen ballten. Ganz Managua war auf den Beinen, und auch aus den anderen Städten waren Menschen angereist, um sich den Gruppen anzuschließen. Allen voraus lief meistens eine Gruppe mit Ausländern, die ihre Solidarität mit den Sandinisten auf großen Transparenten demonstrierte »Estados Unidos con Nicaragua«, »Solidaridad Alemania – Nicaragua«, »Succia – Nicaragua«... Lachend und tanzend zog man durch die Straßen in Richtung plaza. So manchmal erinnerte besonders der Enthusiasmus der Ausländer an Karneval, dem die Nicaraguaner oft nur ein Lächeln abgewinnen konnten. Immer wieder packte ein Ausländer eine bildhübsche Nicaraguanerin an der Hand und tanzte mit ihr durch die Straßen, während die Zuschauer die blauweißen und rotweißen Fahnen schwangen und »Sandino, Sandino, eviva Sandino« riefen.

300000 Menschen, wie es am nächsten Tag in der Presse stand, versammelten sich auf dem Platz und warteten unter der drückenden Mittagssonne, daß sich vorne auf der Tribüne etwas tat. Endlich erschien der neue nicaraguanische Präsident Ortega. Die Menschenmasse begann zu toben. Ein ohrenbetäubender Lärm brach aus, als 600000 Hände zu klatschen begannen. Ich hatte mir einen Platz ganz oben auf einer Propagandaschrift gesucht und konnte die Masse beobachten. Über den Köpfen der Menschenmasse bewegte sich ein Meer aus rotweißen und blauweißen Fahnen, die auf dem windstillen Platz wild hin- und hergeschwenkt wurden. Dann begann auch schon eine langweilige einstündige Rede von Ortega. In eintönigem Tonfall übermittelten gewaltige Lautsprecher seine Stimme. Absolut packend war nur, als am Ende der Rede die Masse die Nationalhymne sang. Sie übertönte einen jeden Lautsprecher, sie übertönte fast alles; aber auch nur fast alles. Noch bevor die letzte Note gesungen war, gab es einen lauten Knall. Erst zitterte das Plakat, auf dem ich saß, dann zitterte ich. Ich hatte das erste Mal auf der Reise Angst. Die Masse verstummte und wartete, während ich schon glaubte, daß alles vorbei sei. Ein jeder wußte, daß vor der Küste von Honduras der größte amerikanische Flugzeugträger, der im Oktober 83 die Invasion auf Grenada durchgeführt hatte, kreuzte. Was würde es bedeuten, wenn dasselbe jetzt auch in Nicaragua passieren würde? Vorher war darüber spekuliert worden, daß der Jahrestag ein guter Augenblick dafür sein sollte. Ich wollte schon vom Plakat klettern, als ich sah, wie eine Kanone noch einen zweiten Salutschuß abgab. Erst als die letzte Salve verfeuert war, begann die Masse wieder zu jubeln. Danach war ein jeder sicherlich sehr froh, daß alles vorüber war und man diesen extrem heißen Ort verlassen konnte. Sehr schnell löste sich die Masse auf, und die Stadt kehrte wieder in ihren Frieden zurück, außer daß man, wo immer man auch durch die Straßen lief, auf Ausländer stieß. Ich war sehr froh, wieder Gesprächspartner gefunden zu haben und aus der Einsamkeit, die ich manchmal beim Radfahren über weite Strecken empfand, ausgebrochen zu sein. Ich hielt mich noch einige Tage in Managua auf und sprach mit vielen Leuten über Politik und anderes. Dabei bekam ich so manch einen Tip für die Fahrt nach Norden. Ein Schwede warnte mich davor, auf Lkw zu steigen. Er erzählte mir von Freunden, die an einem Abend mit nicaraguanischen Arbeitskollegen in Grenznähe mit einem Laster unterwegs waren und nicht mehr zurückkamen. Der Laster wurde von Contras in die Luft gesprengt, ohne daß diese beabsichtigt hatten, Ausländer zu töten. Der Schwede versicherte immer wieder, daß man als Ausländer nichts zu befürchten habe und nur aufpassen müsse, daß man in nichts verwickelt werde. Dies beruhigte mich, und ich setzte selbstsicher meine Reise mit dem Rad fort.

In Grenznähe wurde ich dann doch nervöser. Immer öfters rollten schwere Panzer an mir vorbei, immer öfters gab es Straßenkontrollen. 14–15jährige, mit schweren Maschinengewehren über den Schultern, blätterten in meinem Paß herum und schauten mir ängstlich in die Augen. Während der eine die Waffe immer schußbereit hielt, tastete der andere mich nach Waffen ab.

Beweis für die Solidarität mit Nicaragua zeigen hier die Schweden am 5. Jahrestag der sandinistischen Revolution

Nordnicaragua, wo die zivile Bevölkerung den Militärs das Gelände überlassen hat

Auf der Straße lagen leere Patronenhülsen herum. Im Dickicht hörte man Schüsse und Schreie. Die meisten Häuser am Wegesrand waren zerbombt. Verkehr gab es kaum mehr. Die zivile Bevölkerung hatte den Militärs völlig das Gelände überlassen.

Glücklicherweise erreichte ich die honduranische Grenze ohne Zwischenfälle und war, obwohl mich dieses Land und seine überaus freundlichen Bewohner faszinierten, froh, als es hinter mir lag.

Honduras durchquerte ich sehr schnell auf Lkw und außer einem Zwischenstopp bei den Mayaruinen von Copan erreichte ich auf dem kürzesten Weg Guatemala City, die Hauptstadt von Guatemala.

DIE LETZTE ETAPPE

Chalet Suiza, in der calle 14,6-82, war eine Pension, die nach meinem Reiseführer oft mit Touristen überfüllt sein sollte. Als gäbe es nichts Besseres, radelte ich vom Busbahnhof direkt dorthin und bekam durch Zufall noch ein Zimmer mit einem anderen Touristen.

Es war Juli und zu Hause begannen die Sommerferien. Als ich mich im Hotel umsah, glaubte ich an eine Völkerwanderung nach Guatemala. Franzosen, Deutsche, Italiener... Europäer, wo immer ich hinsah, und genau in diesem Rummel, den ich anfangs nicht ertragen konnte, fühlte ich mich jetzt wohl. Man ging gemeinsam weg, erzählte, was man schon erlebt hatte, und besonders interessant waren für mich die Diskussionen über die Pressenachrichten aus Europa.

In Europa klagte man unentwegt das chilenische Regime an. Durch Chile mit seiner Militärdiktatur zu reisen, mußte unmöglich sein. In Peru waren schon wieder ein paar Bomben detoniert, das Land mußte in den letzten Jahren für den Touristen lebensgefährlich geworden sein. In Kolumbien wurden wieder Polizisten ermordet, wie könne dort ein Tourist lebendig durchkommen. Nicaragua: in den letzten Wochen hatte es wieder viele Grenzkämpfe gegeben, man glaubte, daß das Land sich im totalen Kriegszustand befände...

Es war sicherlich gar nicht so schlecht, daß ich beim Reisen von der Weltpresse nie zuviel mitbekommen hatte, sonst wäre ich sicherlich durch kaum eines dieser phantastischen Länder gereist.

Dem Dschungel entrissene Mayaruinen bei Copan

Die letzten Kilometer einer langen Radreise

Auf der Deutschen Botschaft fand ich eine ältere deutsche Tageszeitung. Als ich beim Teil »Vermischtes« ankam, bekam ich Angst, nach Europa zurückzureisen. »Anonymität der Großstadt, 21jähriger Student erhängt sich in seinem Zimmer.« »Massenkarambolage auf der Autobahn, 8 Tote, 24 Verletzte«. »Aids, eine Krankheit greift um sich, wieder ein Todesopfer«... Ob ich eine längere Reise nach Europa überleben könne, fragte ich mich.

In netter Gesellschaft wurde ich von diesen Problemen schnell abgelenkt. Es fiel mir nach ein paar Tagen schwer, mich von den neuen Freunden loszureißen, ich wollte jedoch noch unbedingt etwas von Guatemala erleben.

Es war in Zentralamerika sicherlich das exotischste Land, das trotz seiner kleinen Fläche noch viel an Natur zu bieten hatte. Wie groß es war, konnte ich feststellen, als ich mich auf einem Lastwagenkonvoi, der aus neun Lastern bestand, an das andere Ende des Landes begab. Ich hatte mich dort, bei den berühmten Mayaruinen von Tikal, mit Freunden verabredet. Da ich fast kein Geld mehr hatte, konnte ich sie leider nicht mit dem Bus begleiten. Wieviel mehr es jedoch auf den Lastern zu erleben gab, erfuhr ich, als ich 10 Stunden auf den 250 Kilometern durch den Dschungel unterwegs war. Immer wieder hatte auf dieser schlechten Straße ein Lkw eine Panne und die anderen mußten ihm zu Hilfe kommen. Auf der Steigung »della Gringita«, wie die Fahrer eine Auffahrt nannten, auf der eine Amerikanerin tödlich verunglückt war, kam durch Glück im Unglück nur der erste Lkw rauf. Der zweite schaffte es nicht, so daß ihn der erste mit einem Drahtseil ziehen mußte. Den dritten zog dann der zweite und den vierten der dritte und die restlichen schafften es wieder allein.

Als ich ankam, erwarteten mich die Freunde schon. In einer großen Touristenhorde stolzierten wir am nächsten Tag durch die mysteriösen, im Dschungel versteckten Ruinen von Tikal. Über einen anderen Weg, der mich noch durch die Berge brachte, kehrte ich nach Guatemala-City zurück. Auf einem Landrover und einem Maistransporter ging es vom Dschungel über Sümpfe und durch Kaffeeplantagen zurück in die Berge.

Wieder hielt ich mich einige Tage in der Hauptstadt Guatemalas auf, reparierte noch mein Rad und radelte dann zum Lago Atitlan.

Sozusagen als Abschluß und letzten Höhepunkt meiner Reise wollte ich die 200 Kilometer um den See, bekannt als einer der schönsten der Erde, herumradeln. Viel weiter wäre ich ohne größere Reparatur an meinem Rad auch nicht gekommen. Meine Bremsgriffe waren völlig aufgebraucht, der Stift, an dem sie befestigt waren, drohte jeden Augenblick abzubrechen, die zweite Kette auf dieser Reise begann zu rosten, die 40 Speichen, die ich ersetzen mußte, bildeten auch keine reibungslose Einheit mehr. Von den 120 Platten, die ich gehabt hatte, hatten der 18. und 19. Schlauch auch einiges mitbekommen. Der 10. und der 11. Mantel auf dieser Reise waren schon wieder ohne Profil. Der vordere Umwerfer war vom vielen Schalten völlig aufgebraucht...

Vieles war kaputt, solange jedoch der scheinbar unverwüstliche Rahmen hielt, war mein Rad noch sehr gut zu verwenden.

Auch meine Kleidung war völlig aufgebraucht. Mein Anorak bestand nach 11 Monaten fast nur noch aus Löchern. Die Plastikhose, die ich mitgenommen hatte, war nicht nur voller Schmiere, sondern mehrmals in die Kette gekommen und dabei zerfetzt worden. Die Trainingshose, die ich immer wieder geflickt hatte, bestand nur noch aus Nähten.

Bei einem Gewitter wurde nochmal alles naß. Um nicht krank zu werden, mußte ich etwas gegen die Kälte tun. Ich zog also mein T-Shirt aus, wickelte die nasse Schaumgummimatratze um meinen Oberkörper, zog den nassen Anorak drüber und nachdem sich das Wasser am Körper aufgewärmt hatte, war mir wieder warm.

Im Regen war die Stein- und Lehmstraße spiegelblank geworden. Als ich einen kleinen Berg hinunterrollte, rutschte der profillose Vorderreifen plötzlich weg und das Rad war nicht mehr zu halten. Kopfüber landete ich auf der Schotterpiste. Mein Anorak bekam ein weiteres Loch und aus einem Riß in der Hose quoll dunkelrotes Blut, das die nassen Steine sofort einfärbte. Ich zitterte ein wenig vom Schrecken. Es war das einzige Mal, daß ich mich bei einem Sturz verletzt hatte. Nachdem ich mich jedoch wieder beruhigt hatte, ging es weiter, noch vorsichtiger als vorher. »Warum das alles?«, wurde ich oft gefragt.

WARUM DAS ALLES...

Der lago Atitlan, ein See wie viele andere, 10 Kilometer breit und 18 Kilometer lang; aber doch nicht wie die anderen. Laut Reiseführer war er einer der schönsten Seen der Erde. Was war so schön an ihm?

Er lag nicht auf über 4000 Meter, wie so mancher phantastische See in Südamerika. Die zwei Vulkane Atitlan (3535 m) und Toliman (3158 m) an seinem Ufer waren auch nicht schneebedeckt, wie die meisten Vulkane in Südamerika. Ich fand auch die Indios Guatemalas bei weitem nicht so charakteristisch wie die Indios Südamerikas.

Zweifellos war Südamerika in allem extremer als die Länder Zentralamerikas, und doch wurde dieser See noch zu einem Höhepunkt auf meiner Reise. Die Natur gab mir nochmal die Kraft, alles Unangenehme ganz einfach außer acht zu lassen und mit den Vorteilen, die mir mein Rad bot, glücklich zu sein. Ich war frei und unabhängig. Konnte halten, wo ich wollte, konnte hin, wo ich wollte, war als Radfahrer fast überall, wo ich hinkam, willkommen und konnte alles sehen, hören, riechen und fühlen. Auch die Landschaft beim lago Atitlan war nicht nur eine rein visuelle Angelegenheit, die man abhakt, indem man mit einem Bus hindurchfährt. Nein, ich brauchte Zeit und Ruhe, um alles das genießen zu können, was mir den Willen gab, Meter um Meter, Kilometer um Kilometer, den tausendsten wie den zehntausendsten und schließlich den fünfzehntausendsten Kilometer zu radeln.

Solola, ein kleines Dorf auf 2113 Metern gelegen, war für mich Ausgangspunkt für den Besuch des lago Atitlan. Als ich dort ankam, war gerade Kirmes, es wurde eine Hochzeit gefeiert, und es war Markttag. Ein farbenprächtigeres Schauspiel hatte ich vorher noch nie erlebt. Die dunkelrote, mit grellen Farben bestickte Kleidung der Indios leuchtete in der Mittagssonne. Auf dem Markt saßen die Frauen mit ihren weiten Röcken zwischen den Zitronen und Apfelsinen. Beim Hochzeitszug hatte die Braut einen weißen Schleier über ihrem langen, schwarzen Haar. Ihre Bluse, die mit Blumen bestickt war, mußte extra für das größte Fest in ihrem Leben hergerichtet worden sein. Die Farben leuchteten besonders auffallend zwischen dem bunten Treiben, das um sie herum herrschte. Auf einem handgetriebenen Riesenrad spielten die kleinen Kinder, die eine einheitliche Schultracht trugen. Ich kaufte mir noch ein wenig Proviant und radelte aus dem Dorf hinaus. Die Straße führte wie auf einem Kraterrand am See entlang. Fast senkrecht ging es zu meiner Rechten 600 Meter zum See hinunter. An den Hang gebaut erkannte ich Santa Catarina und San Antonio, deren weiße Häuser sich vom dunkelblauen See abhoben. Ihnen gegenüber, auf der anderen Seite des Sees, standen die beiden Vulkane. Ihr smaragdgrüner Bewuchs, der bis hinauf zum Krater reichte, verlieh dem Wasser des Sees unter dem wolkenlosen blauen Himmel einen grünlichen Ton, der zur Mitte des Sees hin ins Schwarz überging. Bei San Lukas führte die Straße hinunter an das Seeufer. Über einen Schotterweg ging es bis nach Santiago Atitlan, einem sehr freundlichen Dorf, in dem ich übernachtete. Sehr übermüdet ging ich abends ins Bett. Auch meine Kondition war schlechter geworden. Dafür war ich am nächsten Morgen vor der Sonne wach und begab mich hinunter an den See. Trotz knurrendem Magen vergaß ich vor Staunen zu essen.

Der Vulkan Atitlan am gleichnamigen See

Die Bucht, in der ich mich befand, lag noch ganz in Nebel gehüllt. Nur langsam löste er sich unter dem klaren schwarzen Himmel auf und gab zögernd den Vulkan Atitlan frei. Um den Gipfel hatte sich ein dünnes Wolkenband gebildet, das sich mit Herannahen des Tages auflöste. Als es heller wurde, waren plötzlich auch die Fischer im Nebel, der flach über dem See lag, zu erkennen. Sie verbrachten die frühen Morgenstunden in ihren Einbäumen auf dem See, und einige von ihnen kamen jetzt an Land gerudert. Mit ihrem spitzen Bug durchschnitten ihre Boote den Nebel und verdrängten das blaugrüne Seewasser, dessen Wellen sich in der ganzen Bucht ausbreiteten. Als die Fischer am Ufer waren, zogen sie ihre Boote an Land, und langsam verwandelte sich der See wieder in einen Spiegel, der den Vulkan zu reflektieren begann. Die Farbe des Sees wurde immer heller, als sich plötzlich die Sonne hinter den Bergen erhob.

Der Nebel löste sich endgültig auf. Es wurde sofort wärmer. Im Dorf krähten Hähne, bellten Hunde. Das Dorf erwachte. Ein Zug junger Mädchen mit Müttern bewegte sich mit riesigen Wäschepaketen unter den Armen an den See hinunter. Sie standen am Ufer und begannen beim Wäschewaschen das Seewasser mit Seife weiß zu färben. Auf großen Steinen klopften und rieben sie die Wäsche. Kleine Mädchen von 6–7 Jahren halfen den Müttern beim Waschen. Indem sie ihre Mütter imitierten, reinigten sie ihre kleinen bunten Röcke und Blusen und legten sie dann in einen großen Korb.

Auf dem Weg nach San Pedro begegnete ich immer wieder den Familienvätern. Mit ihren jungen Söhnen liefen sie zu den Feldern und sollten erst spät abends mit Brennholz in die Dörfer zurückkehren. Mit einem Riemen, den sie auf der Stirn trugen, schleppten sie die viele Kilo schwere Last mehrere Kilometer bis ins Dorf.

Der Alltag war in den 12 Dörfern am Seeufer immer der gleiche und doch war ein jedes Dorf ganz anders als die anderen. Grund dafür war nicht nur, daß verschiedene Sprachen gesprochen wurden, verschiedene Bräuche und verschiedene Kulturen in den nur wenige Kilometer auseinanderliegenden Dörfern herrschten, sondern weil auch ein jedes seine eigene Aufgabe hatte und immer mit den anderen Dörfern Handel trieb. In San Pedro baute man Boote, in San Lukas knüpfte man Seile aus Sisal, die Einwohner von San Antonio webten Teppiche...

Aber der größte Unterschied zwischen den Dörfern war für mich, daß, von welchem Dorf auch immer man auf den See blickte, derselbe See immer anders aussah, eine andere Farbe hatte, einen anderen Eindruck hinterließ, einen Eindruck, den ich nicht nur gerne mit nach Mexiko nahm, sondern bis nach Hause, nach Luxemburg.

DER SCHÖNSTE TAG DER REISE

Als ich Guatemala verließ, hatte ich nur noch ein Ziel. Ich wollte so schnell wie möglich nach Hause. Ich machte zwar kurze Pausen in den Touristenzentren Mexikos wie San Christobal de las Casas, Aquas Azul oder Palenque, mein Bedürfnis nach neuen Eindrücken war jedoch derart gesättigt, daß mein Interesse an Neuem nachließ.

Somit erlebte ich Mexiko, das Reiseziel vieler Touristen, die Lateinamerika kennenlernen wollen, nur am Rande meiner Reise. Ich wollte nur noch so schnell wie möglich nach Merida auf der Yukatanhalbinsel und von dort über Miami nach Europa fliegen. Den größten Teil der Strecke fuhr ich auf Lkw und erreichte mein Ziel sehr schnell. Binnen eines Tages hatte ich mir auch meine Flugkarte nach Miami besorgt und von dort wollte ich Luxemburg so nah wie möglich anfliegen.

Fast alles, was mir noch blieb, hatte ich gegen eine Hängematte einge-

Seilknüpfer von San Lukas

Weberinnen von San Antonio

tauscht. Nur mein Fahrrad und das Werkzeug, das ich brauchte, um es auseinander zu montieren, hatte ich noch.

Ich war mit den Gedanken schon zu Hause, als ich zum Flughafen radelte. Im Reisebüro hatte man mir versichert, daß die Flugzeuge nach Miami immer halbleer seien, so daß ich mir wegen des Platzes keinerlei Sorgen machen sollte. Ich hatte noch genau 3 US-$ Bargeld in der Tasche, ansonsten nur eine Kreditkarte, die in Merida nicht akzeptiert wurde. Dann kam der große Schock. Bei Ankunft am Flughafen galt der Flug nach Miami als ausgebucht, und vor mir standen schon fünf Leute auf der Warteliste. Ich war am Verzweifeln. Mein Hotelzimmer hatte ich schon mit meinem Klempnerschlüssel zahlen müssen. Ich hatte kein Geld mehr, um noch einen Tag in Merida zu bleiben. Als es hieß, daß noch Plätze frei seien, blieb mein Herz fast stehen. Der Erste auf der Warteliste war schon eingecheckt, dann kam der Zweite dran, dann war Ruhe. Die Stewardeß brauchte eine Ewigkeit, um noch einen dritten Platz zu finden. Dann war das Flugzeug jedoch voll, so war es zumindest von ihrem Gesicht abzulesen. Als sich ihr Gesichtsausdruck wieder veränderte, wußte ich, daß sie noch einen vierten Platz gefunden hatte. Ich platzte fast, als ich mir vorstellte, daß ich womöglich wegen eines Platzes in Merida zurückbleiben müsse.

Mir wäre in diesem Moment ein jeder Platz recht gewesen. Angespannt beobachtete ich ihr suchendes Gesicht. Es hatte wieder dieselbe hoffnungslose Miene angenommen. Dann jedoch, ihre Backenhaut warf Falten, dann auch ihre Stirn, sie setzte ihren Stift an, machte ein Kreuz und nannte meinen Namen. Als hätte ich einen Stromschlag bekommen, sprang ich auf, setzte meinen Schraubenschlüssel an, riß die Räder heraus, schnürte sie an den Rahmen, gab sie dem erstaunten Gepäckträger, überreichte meine Flugkarte und rannte los zum Flugzeug. Die Motoren liefen schon. Ich war der letzte Passagier. Hinter mir wurden die Luken dicht gemacht. Sofort starteten wir mit Ziel Miami.

Nach 1,5 Stunden landeten wir in den USA. Dank meines Visums gab es keinerlei Probleme.

Da ich nicht den offiziellen Preis für den Rückflug nach Europa zahlen wollte, nahm ich mir vor, per Stand-by zu fliegen. Ich mußte also auf einen zufällig freigebliebenen Platz in einer Maschine hoffen, den die Fluggesellschaft dann zum Billigtarif freigeben würde. Ich wußte, daß dies in Miami sehr oft der Fall war, hatte jedoch nicht damit gerechnet, daß nach dem Konkurs von Air Florida andere Gesellschaften die Fluggäste übernahmen. Als ich bei 10 Fluggesellschaften abgewiesen wurde, hielt ich es für zwecklos, weiterzusuchen. Man riet mir, ein paar Wochen zu warten. Unschlüssig setzte ich mich erst mal auf mein Rad und radelte ins Zentrum von Miami. Für meine 3 Dollar kaufte ich mir zwei Brötchen und Käse. Mit demselben Geld hätte ich in Bolivien einen Tag leben können. Ein besonders günstiges Hotel hatte seine Preise ausgehängt. Von dem Geld hätte ich in Nicaragua eine Woche lang wohnen können. Es war nicht nur der Hunger, der mir das Gefühl verrückt zu sein gab.

Nach ersten Erfahrungen in den Vereinigten Staaten von Amerika radelte ich zurück zum Flughafen. Ich hatte mich bereits entschlossen, ein günstiges Ticket nach New York zu kaufen, als es hieß, Arrow Air würde am nächsten Tag eventuell Stand-by-Passagiere nach London mitnehmen. Mit einem Funken Hoffnung gelang es mir, noch 3 Stunden in einer Ecke des Flughafens zusammengekauert zu schlafen. Schon um 6.00 Uhr stellte ich mich als Erster an den Schalter von Arrow Air. Um 9.00 Uhr, kurz bevor der Schalter geöffnet wurde, kamen noch ein paar Stand-by-Passagiere. Eine freundliche Stewardeß akzeptierte meine Kreditkarte und verkaufte mir ein Ticket zu einem Drittel des offiziellen Preises, konnte mir jedoch noch nicht versprechen, ob tatsächlich ein Platz freibleiben würde. Bis 16.00 Uhr mußte ich noch durchhalten und wartete ungeduldig, bis alle Passagiere eingecheckt waren. Ich wollte es kaum glauben, ich bekam noch einen Platz.

Ich glaubte mich schon in London, als man mir wegen meines Rades Ärger machte. Man wollte es in dem Zustand, in dem es sich befand, unter keinen Umständen mitnehmen, und auch als ich mit meiner dreckigen Hose die Schmiere wegputzte, nahm man es nicht an. Da ich kein Geld mehr hatte, um mir einen Radkarton zu kaufen, rannte ich durch die Hallen und fand zum Glück vor dem Flughafen ein paar alte Kartons, die ich mit einer Schnur um mein Rad wickelte. Im letzten Moment ließ man mich durch, und wenige Minuten später saß ich im Flugzeug nach London.

Als es Abendbrot gab, hatte ich Glück, daß meine Nachbarin nichts aß. Ich durfte also zwei Tabletts leeren. Schlafen konnte ich nicht, ich war zu aufgeregt. Sowieso zählte für mich nur, am nächsten Tag um 8.00 Uhr in London anzukommen.

Meine Nachbarin im Flugzeug schenkte mir noch das Geld für die U-Bahnkarte vom Flughafen zum Londoner Hauptbahnhof, so daß ich ohne weiteres auch zum Bahnhof kam. Um 9.13 Uhr stand ich mit meiner Kreditkarte am Schalter und erfuhr, daß um 9.15 Uhr ein Zug in Richtung Luxemburg abfuhr. Ich tat wirklich alles, um den Zug noch zu bekommen und schaffte es, mehr zitternd als glücklich. Es war nicht ganz leicht, dem Schaffner beizubringen, daß ich kein Geld hatte, um die Fahrtkosten für meinen treuen Begleiter zu zahlen. Als jedoch auch das überstanden war, begann ich damit, mein Rad wieder zusammenzubauen. In Dover radelte ich auf die Fähre nach Calais und nahm von dort den Zug nach Brüssel. Ich platzte fast, als ich in Brüssel beinahe den Anschluß verpaßte, nur weil der Zug aus unerklärlichen Gründen eine halbe Stunde vor dem Bahnhof warten mußte. Jedoch auch der Anschlußzug wartete, und noch eh ich mich versah, saß ich im Zug nach Luxemburg.

Um 22.00 Uhr stand ich mit meinem Rad und einer Hängematte am Luxemburger Bahnhof. Schön anständig schob ich es durch die Bahnhofshalle, rollte über die avenue de la gare zur côte d'Eich, kam in die rue de l'Europe und stand dann völlig außer Atem nach 11 Monaten wieder vor unserer Haustür. Ich klingelte und meine Mutter öffnete mir...

Es war von all den schönen Tagen der schönste, den ich erleben durfte.

ANHANG

REISETIPS

»Große Pläne, mit noch größeren Zielen, führen meistens zur größten Enttäuschung.«

Ich werde oft gefragt, wie ich denn auf die Idee gekommen sei, diese Reise zu machen und ob es nicht wahnsinnig aufwendig war, sich darauf vorzubereiten. Die Antwort ist einfach: Die Idee war schnell da, und die Vorbereitung war und sollte auch sehr schnell abgeschlossen sein. Je länger man plant, nur davon spricht oder träumt, desto kleiner wird die Wahrscheinlichkeit, daß man überhaupt abreist.

Nach kurzem Besuch in einigen lateinamerikanischen Botschaften, in Bonn und nach einem Besuch beim Tropenarzt, kaufte ich mir ein Hinflugticket (sehr wichtig: kein Rückflugticket kaufen, da man sonst viel leichter weich wird und bei den ersten Schwierigkeiten sofort wieder Reißaus nimmt) nach Lima. Alles andere ergab sich an Ort und Stelle, wenn auch erst sehr schlecht, dann aber doch sehr recht. Die wichtigsten Voraussetzungen waren die Zeit, die man sich nehmen muß, aber nie bereuen wird, und das Geld für eine andere Investition, als die herkömmlichen, wie Auto, Stereoanlage...

Daß es vielen keinen Spaß machen würde, durch die Weltgeschichte zu strampeln, ist selbstverständlich, jeder hat andere Interessen. Was jedoch ganz sicher nicht selbstverständlich ist, daß jemand, der Ähnliches machen möchte, es sich nicht zutraut. Es ist unvorstellbar, wie vieles möglich ist, wenn es gehen muß oder wenn man es nur möchte.

Folgende Tips sollen eine schnelle Planung erleichtern, die Erfahrungen sollte jedoch jeder selber machen. Eigene Erfahrungen, ob gute oder schlechte, sind mindestens genauso interessant, wie die absolut packende Landschaft dieses Kontinents.

PAPIERE UND DOKUMENTE

Reisepaß: Bei längerer Reise auf Gültigkeit achten.
Impfpaß: In den Andenländern und Mittelamerika zur Zeit keine Pflichtimpfungen vorgeschrieben.
Internationaler Studentenausweis: Für Vergünstigungen.
US-$-Reiseschecks und eventuell internationale Kreditkarte.
Wenn möglich, Rechnung vom Fahrrad: Kann an Grenzen von Vorteil sein.
Beglaubigte Kopien der wichtigsten Dokumente: Bei Verlust von Dokumenten oft sehr nützlich.

Da in den genannten Ländern für Bundesbürger nur in Nicaragua Visumspflicht besteht (Visum für 10 US-$ in Costa Rica erhältlich), sind die Grenzgänge bezüglich des »Papierkrieges« problemlos. Allgemein gilt, daß viele Papiere mit Stempel und Unterschrift Eindruck machen und Briefe von Botschaften und Behörden einem so manche verschlossene Tür öffnen. Ein Beispiel dafür war der Brief von der kolumbianischen Botschaft in Ecuador, durch den ich ohne das vorgeschriebene Ausreiseticket nach Kolumbien einreisen durfte.

Empfehlenswert ist es außerdem, eine beglaubigte Kopie vom Paß und anderen wichtigen Dokumenten nicht nur im Rahmen des Rades und in einem zweiten sicheren Versteck aufzuheben, sondern auch ein Exemplar davon auf die Botschaft eines der zu bereisenden Länder zu schicken (Achtung: Post auf Botschaften wird oft nach einem Monat rückadressiert). Gegen eine geringe Gebühr kann man auf der Botschaft auch Wertsachen hinterlegen (auch Reiseschecks!).

Nach dem, was ich gehört habe, ist es anzuraten, Kopien der Dokumente in Lima (Peru), Bogota (Kolumbien) und Panama-City zu haben.

Diese einfachen Vorkehrungen können sehr interessant werden, wenn tatsächlich etwas abhanden kommen sollte.

Immer einen niedrigen Betrag an US-$ (10 Dollar) für alle Fälle, sicher versteckt aufzubewahren, ist bestimmt auch kein Fehler.

Geldgürtel und Brustbeutel sind zwar unter den Dieben ein überall bekanntes Versteck, jedoch trotzdem sehr zu empfehlen. Einen Geldbeutel in der hinteren Hosentasche wird man mancherorts nicht lange besitzen.

Da ein Geldgürtel besonders beim Radfahren sehr störend sein kann, wird man ihn sehr bald ablegen. Dabei sollte man jedoch hauptsächlich im Stadtverkehr darauf achten, daß man ihn nicht in einem Gepäckstück verstaut, das ein vorbeifahrender Autofahrer vom Rad reißen kann.

Diebstahl und die damit verbundenen Unannehmlichkeiten sind sicherlich eines der größten Probleme auf einer Reise in diesen Ländern. Deshalb sind einfache Vorkehrungen oft sehr entscheidend dafür, daß man, wenn etwas passiert, nicht sofort aufgibt. Man sollte besser davon ausgehen, daß es einem selber genauso passieren kann, wie allen anderen auch, als den Gedanken hegen: »So etwas kann mir sowieso nicht passieren.«

VERBINDUNG NACH ZUHAUSE

Post kann man sich auf Botschaften und in den größeren Städten auf die Hauptpostämter schicken lassen. Sie wird dort mindestens 2 Wochen (auf Botschaften bis zu zwei Monaten) gelagert.

Luftcouverts kommen fast immer an. Briefe und Pakete können geöffnet und Wertsachen entwendet werden. Außer einem Paket in Costa Rica, das sehr viel später ankam, habe ich meine ganze Post erhalten und alles von mir Verschickte ist vollständig angekommen.

Wenn möglich, sollte man beim Postversand verlangen, daß die Briefe vor einem gestempelt werden, da des öfteren ungestempelte Briefmarken abgerissen werden.

Telefonieren ist von jeder größeren Stadt aus möglich. Es ist sehr viel billiger als in Europa, außer daß man, um eine Verbindung nach Deutschland zu erhalten, oft bis zu zwei Stunden warten muß. R-Gespräche sind zumindest von Großstädten aus möglich.

Sich von zu Hause loszureißen ist vor der Abreise sicherlich das Schwierigste überhaupt. Hat man es endlich geschafft, wird man versuchen, den Kontakt aufrecht zu erhalten. Dabei wird man sehr schnell feststellen, wie wichtig der Kontakt zu den Daheimgebliebenen nicht nur für sie ist, sondern auch für einen selber. Gute Briefe von den Eltern und Bekannten können einem, besonders wenn mal alles nicht so glatt ging, sehr wichtig sein.

IMPFUNGEN UND GESUNDHEIT

Derzeit (1986) gibt es in den Andenländern und in Mittelamerika keine Impfpflicht. Trotzdem ist es anzuraten, einen Impfausweis mit sämtlichen eingetragenen Impfungen immer bei sich zu haben.

Pocken: Gibt es in Lateinamerika nicht mehr.

Cholera: Impfung nicht vonnöten.

Gelbfieber: anzuraten, da es in Tieflandgebieten noch vereinzelt auftritt. Die einfache Impfung gibt Schutz für 10 Jahre.

Typhus und Paratyphus: Schutzimpfung sehr zu empfehlen.
Tetanus: Man sollte prüfen, ob die nicht eventuell ohnehin schon bestehende Impfung noch gültig ist.
Hepatitis: Sicherlich die wichtigste von allen Impfungen, da Hepatitis noch zu den größten Sorgen eines jeden Touristen in Lateinamerika gehört. Die Injektion, die man alle zwei Monate wiederholen soll (Injektion in Lateinamerika unproblematisch), ist nicht nur ein relativ guter Schutz gegen Hepatitis, sondern baut auch Abwehrstoffe gegen sämtliche anderen Krankheiten auf (Grippe...). Trotzdem ist Vorsicht zu bewahren noch immer der beste Schutz. Besonders in den ärmeren Ländern sollte man Leitungswasser, Salate, ungeschältes Obst... meiden.
Malaria: Nicht sehr verbreitet, aber noch immer existent. Nivaquin oder Resochin bieten einen begrenzten Schutz. Fansidar sollte man meiden.

Vor Antritt der Reise und wenn möglich auch nach der Reise sollte man einen Tropenarzt aufsuchen.

Sollte man in Lateinamerika einen Arzt brauchen, ist es das beste, sich an die Deutsche Botschaft zu wenden, die immer einen guten Arzt empfehlen kann.

Obwohl Krankheiten bei einer Reise durch Lateinamerika noch immer Feind Nr. 1 sind, sollten sie einen in keinster Weise davor abhalten, loszureisen.

Ein paar Impfungen und ein wenig Vorsicht genügen schon, um sicher durch Lateinamerika zu reisen. Wer ständig in der Panik lebt, krank zu werden, ist nicht nur in Lateinamerika am anfälligsten.

Vor Spinnen, Schlangen und Skorpionen braucht man sich, solange man sie in Ruhe läßt, nicht zu fürchten.

Mein größtes Problem war, daß ich mich durch teilweise übertriebene Tagesetappen unnötig strapaziert habe und deshalb oft sehr viel anfälliger war.

Ein weiteres Problem kann die Flüssigkeitsaufnahme sein. Die großen Höhen und der ständige Schweißverlust zwingen einen jeden Radfahrer zum Trinken. Ich benötigte manchmal bis zu 8 Liter Flüssigkeit am Tag. Deshalb trank ich viel Wasser, das ich vorher mit Micropur (in jedem Reiseausrüstungsgeschäft erhältlich) entkeimt hatte, kaufte mir, wo immer es möglich war, heißen Kaffee oder Suppe, oder folgte dem Rat eines Schweizers: »Trink Cola, die bekommst du überall und da sie im Darm fast alles tötet, wirst du damit auch so manche unliebsamen Bakterien los.«

DIE TECHNIK: FAHRRAD UND FOTOAPPARAT

RR wie Rolls-Royce oder Raleigh (Fahrradmarke) und Rollei (Marke des Fotoapparates), ein Zeichen für Qualität.

Fahrrad

Die Wahl des Rades soll nicht zu einer Qual werden. Die Grundfrage, ob »Mountain Bike« mit festen Reifen für die Berge oder ein leichtes Rennrad für die asphaltierten Strecken in der Wüste und in Patagonien ist abhängig von der Route, die man wählt.

Da ich mit meinem Rad die verschiedensten Gebiete bereisen wollte, mußte ich einen Kompromiß eingehen und entschloß mich für ein Tourenrad von der Marke Raleigh, bei dem ich besonders auf einen robusten Rahmen, gute Felgen und einen bequemen Sattel Wert legte.

Bei allen anderen Teilen rechnete ich von vornherein damit, daß sie, bei welchem Rad auch immer, kaputtgehen würden, ich sie jedoch selbständig würde reparieren können oder es kein zu großer Aufwand geworden wäre, sie reparieren zu lassen oder zu ersetzen. Die einzigen Ersatzteile, die ich dabei hatte, waren 10 Speichen, 2 Mäntel, 5 Schläuche (Ersatzmäntel und -schläuche wurden mir auf die Botschaften geschickt) und verschiedene Schrauben und als Werkzeug die wichtigsten Schlüssel, eine leichte Zange und Schraubenzieher. Natürlich ging nicht selten etwas kaputt, was ich trotzdem nicht reparieren konnte. Es war jedoch, wie erwartet, nie etwas, was mich gehindert hätte, die nächste Ortschaft, in der mir immer jemand helfen konnte, zu erreichen. Dabei lernte ich das Geschick der Lateinamerikaner kennen. Sie können alles reparieren und zwar so, daß es Jahre halten kann, manchmal nur Monate hält, es jedoch auch vorkommt, daß es unmittelbar danach wieder kaputtgeht.

Ein 18-Gang-Rad mit 1:1 Übersetzung ist in den Bergen sicherlich sehr von Vorteil, und gegen 48 Speichen anstatt, wie üblich 36 Speichen, und dickere Mäntel, gibt es in Anbetracht der schlechten Straßen auch nichts einzuwenden. Trotzdem werden weder das Pedallieren noch Speichenbrüche und Platten zu vermeiden sein.

Die beste Lösung, um die zuletzt genannten Probleme so gut wie möglich zu überstehen, ist eine Sparmaßnahme beim Gepäck. Ich hatte selten mehr als 20 Kilo Gewicht auf meinem Rad. Wer nicht beweisen will, daß er Tage von eigenen Vorräten leben kann, kehrt ganz einfach in den kleinen Straßenrestaurants, von denen es entlang der Strecke unzählige gibt, ein und ißt mit den Einheimischen. Es ist sicherlich nicht viel teurer als selber zu kochen und fördert den Kontakt zur Landesbevölkerung.

Bezüglich der Kleidung sollte man sich auf ein Minimum beschränken. Außerdem kann man alles, was man irgendwann unbedingt braucht, fast überall günstig erwerben (warme Wollpullover...)

Ich hatte bewußt kein Zelt dabei, dafür jedoch einen warmen Schlafsack, mit dem ich überall ohne weiteres schlafen konnte. Somit war ich nicht nur fast jeden Abend in netter Gesellschaft, sondern hatte auch noch viel überflüssiges Gewicht gespart.

Mein ganzes Gepäck war in Radtaschen, die nur aus einem einzigen Teil bestanden, und in meinem kleinen Rucksack, der mit den Wertsachen vorne auf dem Gepäckträger sicher befestigt war, verstaut. Dadurch konnte ich beim Abladen immer alles auf einmal mitnehmen und mußte in dieser Zeit nur mein Fahrrad irgendwo mit meinen 2 Sicherheitsschlössern befestigen.

Fotoapparat

In Lateinamerika zu fotografieren ist eine sehr persönliche Einstellung. Die einen genieren sich nicht, alles niederzutrampeln, um mit ihren dicken Fotoapparaten mit den noch dickeren Teleobjektiven die einheimische Bevölkerung wie Tiere im Zoo abzulichten. Andere wiederum wissen, daß sie durch das Ablichten der Leute den Kontakt zur Bevölkerung oft völlig zerstören und lassen deshalb den Fotoapparat lieber zu Hause.

Ich entschloß mich, eine kleine Rollei 35 TE, die man schnell in der Hosentasche verschwinden lassen kann, mitzunehmen. Sie machte nicht nur ausgezeichnete Fotos, sondern erfüllte auch sonst alle Anforderungen.

Das wichtigste für mich war ein stabiles Gehäuse, das dieser Fotoapparat sicherlich hat. Er mußte auf dem Rad viele Schläge und Erschütterungen überstehen. Außerdem wollte ich von Technik und zuviel Elektronik unabhängig sein und bei elektronischer Panne noch manuell fotografieren können. Auch diese Kriterien waren erfüllt. Und nicht zu vergessen sind die Vorteile dieses Fotoapparates für einen Radfahrer. Er wiegt kaum etwas und nimmt nicht viel Platz weg.

Als Fotozubehör hatte ich immer eine Ersatzbatterie dabei und ausreichend viele Filme. Filme kann man zwar in den größeren Städten kaufen, sie sind jedoch meistens sehr teuer und das Verfalldatum nicht selten überschritten. Als Laie war ich mit 100 ASA Fujifilmen mehr als zufrieden.

Ein letzter Hinweis bezüglich dessen, was man auf die Reise mitnimmt: »Alles was glänzt, ist stärker diebstahlgefährdet, als das ebenso gute Material, das weniger glänzt.

ROUTE

Mit dem Finger auf der Landkarte war meine Route schnell geplant, dann kam jedoch schon in den ersten Tagen alles anders. Deshalb ist das Wichtigste nicht eine gute Route, die sich meistens von alleine ergibt, sondern die Überwindung, endlich abzureisen. Schon allein die Tatsache, mit einem Fahrrad zu reisen, bedeutet, daß man etwas erlebt, wo immer man auch hinkommt.

Beste Reisezeit

Zentralamerika und Kolumbien:	November–April
Ecuador und die peruanischen und bolivianischen Anden:	Mai–Oktober
Wüste in Peru und Chile:	das ganze Jahr über. Februar und März besonders heiß
Nordargentinien:	Mai–Oktober
Zentralchile:	Oktober–Mai
Patagonien und Südchile:	November–Februar

DANK

Für ihre Hilfe bei der Veröffentlichung dieses Skripts möchte ich mich herzlichst bedanken bei:

Beatrix Janker
Frauke Ratzke
Alexander Kritikos
Didi Kneitz
Axel Höll
Frau Pfeffermann
Marcel Thum
Michael Franke